使いやすい！教えやすい！家庭学習に最適の問題集！

愛知県版国立小学校
愛知教育大学附属名古屋小学校

2018～2023年度過去問題を掲載

2024年度版 過去問題集

合格までのステップ

出題傾向の把握

基礎的な学習

苦手分野の克服

●資料提供●
エコール・ドゥ・アンファン
小学校受験部

日本学習図書

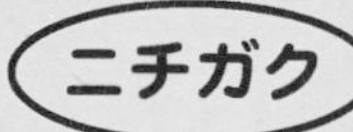

ISBN978-4-7761-5529-4
C6037 ¥2300E

定価 2,530円
（本体 2,300円＋税 10％）

こんなこと…ありませんか？

「ニチガクの問題集…買ったはいいけど、、、
この問題の教え方がわからない（汗）」

メールでお悩み解決します！

- ホームページ内の専用フォームで必要事項を入力！
- 教え方に困っているニチガクの問題を教えてください！
- 確認終了後、具体的な指導方法をメールでご返信！
- 全国どこでも！スマホでも！ぜひご活用ください！

<質問回答例>

学習のポイント

推理分野の学習では、後の学習に活きる思考力を養うことができます。ご家庭で指導する場合にも、テクニックにたよらず、保護者の方が先に基本的な考え方を理解した上で、お子さまによく考えさせることを大切にして指導してください。

Q.「お子さまによく考えさせることを大切にして指導してください」と学習のポイントにありますが、考える習慣をつけさせるためには、具体的にどのようにしたらいいですか？

A. お子さまが考える時間を持てるように、質問の仕方と、タイミングに工夫をしてみてください。
たとえば、「答えはあっているけど、どうやってその答えを見つけたの」「答えは○○なんだけど、どうしてだと思う？」という感じです。はじめのうちは、「必ず 30 秒考えてから手を動かす」などのルールを決める方法もおすすめです。

まずは、ホームページへアクセスしてください!!

http://www.nichigaku.jp　日本学習図書　検索

目指せ！合格！

家庭学習ガイド
愛知教育大学附属名古屋小学校

ペーパー　口頭試問　運　動　行動観察　親子面接

入試情報

出題形態：ペーパー・ノンペーパー
面　　接：本人・保護者
出題領域：ペーパーテスト（言語・数量・図形）、
運動テスト、行動観察、口頭試問

受験にあたって

令和４年度から、新型コロナウイルス感染症対策として検温結果を記録する「健康チェックカード」を持参するようになりました。この「健康チェックカード」は出願時に渡されます。

第１次選考ではペーパーテスト、運動テスト、行動観察、面接、口頭試問が実施されています。新たに出題されたのは、「お話の記憶」「しりとり」「数の多少」といった問題です。内容が少しずつですが変化しているので、それに対応できるように、広い分野の基礎学習を行いましょう。

第１次選考後に第２次選考有資格者が発表され、同日に実施される第２次選考の抽選により、最終的な合格者が決定されます。面接における保護者への質問は、志望動機、学校行事やＰＴＡ活動への参加の意志、公共交通機関でのマナー、学校でのトラブルへの対応などですが、この中でも特に、学校でのトラブル対応については、回答に対してさらに追加の質問をされたようです。保護者の方は、あらかじめどのように答えるかを考えておいた方がよいでしょう。志願者には口頭試問形式で、道徳やマナーなど、小学校入試で言えば常識分野に当たる質問があったようです。当校の教育目標として「よく考え、実践する子」「人を敬い、助け合う子」などが掲げられていますが、質問の内容もこれに即したものだと言えます。

愛知県版
国立小学校
過去問題集

〈はじめに〉

現在、少子化が叫ばれているにもかかわらず、国立・私立小学校の入学試験には一定の応募者数があります。入試は、ただやみくもに学習するだけでは成果を得ることはできません。志望校の過去における出題傾向を研究・把握した上で、練習を進めていくこと、その上で試験までに志願者の不得意分野を克服していくことが必須条件です。そこで、本問題集は小学校を受験される方々に、志望校の出題傾向をより詳しく知って頂くために、過去に遡り出題頻度の高い問題を結集いたしました。最新のデータを含む精選された過去問題集で実力をお付けください。

また、志望校の選択には弊社発行の「**2024年度版　近畿圏・愛知県　国立・私立小学校　進学のてびき**」をぜひ参考になさってください。

〈本書ご使用方法〉

◆出題者は出題前に一度問題を通読し、出題内容などを把握した上で、〈 準 備 〉の欄に表記してあるものを用意してから始めてください。
◆お子さまに絵の頁を渡し、出題者が問題文を読む形式で出題してください。ただし、問題を読んだ後で絵の頁を渡す問題もありますのでご注意ください。
◆「**分野**」は、問題の分野を表しています。弊社の問題集の分野に対応していますので、復習の際の目安にお役立てください。
◆一部の描画や工作、常識等の問題については、解答が省略されているものがあります。お子さまの答えが成り立つか、出題者が各自でご判断ください。
◆〈 時 間 〉につきましては、目安とお考えください。
◆**学習のポイント**は、指導の際、参考にしてください。
◆**【おすすめ問題集】**は各問題の基礎力養成や実力アップにご使用ください。

〈本書ご使用にあたっての注意点〉

◆文中に **この問題の絵は縦に使用してください。** と記載してある問題の絵は縦にしてお使いください。
◆〈 準 備 〉の欄で、クレヨンと表記してある場合は12色程度のものを、画用紙と表記してある場合は白い画用紙をご用意ください。
◆文中に **この問題の絵はありません。** と記載してある問題には絵の頁がありませんので、ご注意ください。尚、問題の絵の右上にある番号が連番でなくても、中央下の頁番号が連番の場合は落丁ではありません。
下記一覧表の●がついている問題は絵がありません。

問題1	問題2	問題3	問題4	問題5	問題6	問題7	問題8	問題9	問題10
					●	●	●		
問題11	問題12	問題13	問題14	問題15	問題16	問題17	問題18	問題19	問題20
						●			
問題21	問題22	問題23	問題24	問題25	問題26	問題27	問題28	問題29	問題30
				●					
問題31	問題32	問題33	問題34	問題35	問題36	問題37	問題38	問題39	

◎学習効果を上げるため、前掲の「家庭学習ガイド」及び「合格のためのアドバイス」をお読みになり、各校が実施する入試の出題傾向を、よく把握した上で問題に取り組んでください。
※冒頭の「本書のご使用方法」「ご使用にあたっての注意点」も併せてご覧ください。

2023年度の最新入試問題

問題1　分野：数量（同数発見）

〈準備〉　鉛筆

〈問題〉　左の四角の中の絵と同じ数の●を右から選んで○をつけてください。

〈解答〉　下図参照

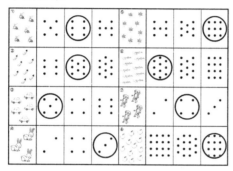

学習のポイント

数量問題を解くにあたり重要なことは、数を早く、正確に数えることです。この問題における代表的なミスとして「重複して数える」「数え忘れ」などが挙げられます。先ずは、このミスがないように早く、正確に数えることを修得してください。こういったミスは主に、本問に類する問題を得意分野としているお子さまに多くみられます。よくみられるパターンとして、問題を最後まで聞きかずに、早合点して解答してしまい、誤答となってしまうケースが挙げられます。近年、人の話を最後まで聞けない子どもが多いといわれてますが、話を最後まで聞けない場合、他の問題に影響を及ぼします。小学校受験においては基本的な内容の１つですので、しっかりとカバーしておきましょう。

【おすすめ問題集】

Ｊｒ・ウォッチャー14「数える」、36「同数発見」、37「選んで数える」

問題2　分野：巧緻性

〈準 備〉　鉛筆

〈問 題〉　問題2の絵を見てください。同じ印同士を線で結んでください。その時、線が●にぶつからないようにしてください。

〈時 間〉　各30秒

〈解 答〉　省略

学習のポイント

点を避けながら、同じ印同士を線でつなぐ問題です。画面上の点をつなぐのではなく、点に「ぶつからないように」という指示が出ています。難易度としては易しい部類の問題ですから、指示をよく聞いて、落ち着いて取り組みましょう。線そのものの引き方についてですが、ペン先と終点の両方が視界に入るように注意しながら線を引いてください。少し線が歪んだり曲がってしまった時に、線を引きながら細かな修正を行なうことができます。なお、当校入試では鉛筆を使用します。特別な対策をとる必要はありませんが、日頃のお絵かき遊びなどで、鉛筆を使っていれば、戸惑うこともないでしょう。

【おすすめ問題集】

Ｊｒ・ウォッチャー１「点・線図形」、「運筆①」、「運筆②」

問題3　分野：図形（回転図形）

〈準 備〉　鉛筆

〈問 題〉　左側の絵を、矢印の方向に１回倒すと、どのようになりますか。右の絵の中から選んで、○をつけてください。

〈時 間〉　各20秒

〈解 答〉　下図参照

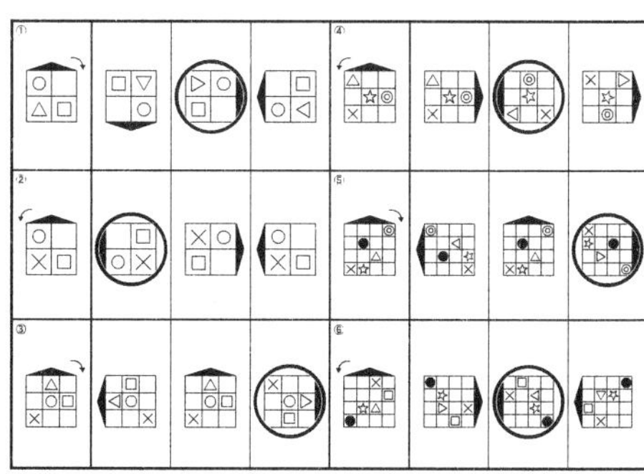

学習のポイント

回転図形の考え方として、まず矢印の方向に１回転した場合どの辺が下になるかを考えます。左側の形の底辺が、回転することにより変わっていくことの理解が必要です。折り紙などを使い、４つの辺を色別に塗って、回転していく時の様子を実際に確認していきましょう。回転した後、底辺が変わると、中の模様の位置も追随して変化していく様子を確認することができます。各辺の移動する方向を考えながら理論立てて理解することができるよう、簡単な問題から取り組んでいきましょう。苦手意識が生じないよう、具体物を用いて楽しみながら学習することが大切です。

【おすすめ問題集】

Ｊｒ・ウォッチャー５「回転・展開」、46「回転図形」

問題４　分野：言語（しりとり）

〈準 備〉　鉛筆

〈問 題〉　問題４の絵を見てください。太陽の印の絵から、星印の絵まで、しりとりをしながら線で結んでください。

〈時 間〉　各30秒

〈解 答〉　下図参照

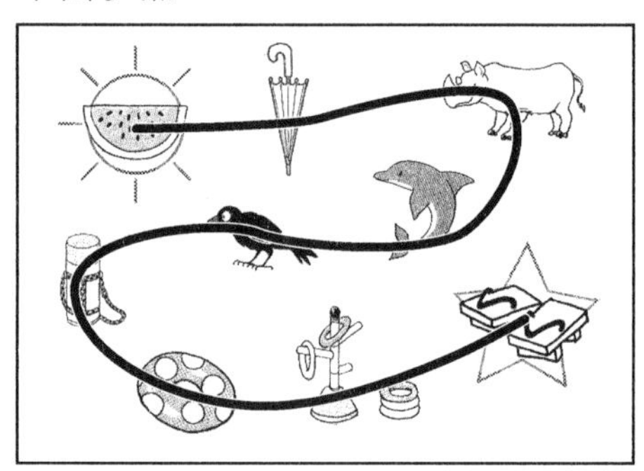

学習のポイント

言葉遊びの問題に正しく答えるためには、言葉を知っているだけでなく、それらの正しい音を知っている必要があります。日々のコミュニケーションの中で語彙を広げ、お子さまが新しい言葉を覚えるときは、正しい音も教えるようにしましょう。また、ものの名前を覚える際には、単に外見と名称を一致させるだけでなく、その用途や色や材質などさまざまな特徴も覚えていくようにするとよいでしょう。本問のイラストは、しりとりだけでなく、「頭に「す」のつくものを探してみよう」「３つの音でできている言葉を言ってみよう」など、工夫次第で多くの問題に転用できます。１度解いた後、取り組んでみることをお勧めします。

【おすすめ問題集】

Ｊｒ・ウォッチャー17「言葉の音遊び」、18「いろいろな言葉」、49「しりとり」

問題5　分野：お話の記憶

〈準備〉　鉛筆

〈問題〉　お話を聞いて、後の質問に答えてください。

今日は家族で動物園へ行く日です。まさきくんはお父さん、お母さんと一緒に、車に乗って動物園へ向かいました。しばらく走っていると、パンダの絵が描かれた看板が見えてきました。どうやら動物園に到着したようです。「さあ、到着だ。まさきが１番好きな動物を見に行こう。」お父さんがそう言うと、まさきくんは大喜びで「キリンが見たい。」と言いました。それを聞いたお母さんは、キリンがどこにいるのか、動物園の地図を見て確かめます。「キリンはここから少し離れたところにいるみたいだね。ゾウが見える道を通ると、すぐに到着できるよ。」お母さんがそういいました。まさきくんたちは話し合って、最初にゾウ、次にキリン、その次はサルを見に行くことにしました。最後の動物まで見終わった後、まさきくんは大好きなおじいちゃんとおばあちゃんに、お土産を買って帰ることにしました。動物園のお土産屋さんには、いろんな種類のぬいぐるみが売られています。「おじいちゃんとおばあちゃんにプレゼントするぬいぐるみを１つずつえらんであげて。」と、お母さんが言いました。まさきくんは少し悩んでから、おじいちゃんには帽子を被ったパンダのぬいぐるみを、おばあちゃんには傘をさしたパンダのぬいぐるみを選びました。お家に帰る途中、おじいちゃんとおばあちゃんのお家にたち寄って、お土産のぬいぐるみを届けました。おじいちゃんもおばあちゃんも大喜びです。２人の喜んでいる顔を見て、まさきくんも嬉しくなりました。

①まさきくんたちが動物園で最初に見た動物はどれですか。選んで○をつけてください。
②まさきくんが１番好きな動物は何ですか。選んで○をつけてください。
③まさきくんたちが動物園で最後に見た動物はどれですか。選んで○をつけてください。
④まさきくんが、おじいちゃんとおばあちゃんに選んであげたぬいぐるみの動物はどれですか。選んで○をつけてください。

〈時間〉　各20秒

〈解答〉　下図参照

学習のポイント

お話の記憶は、お話の内容をどれだけ正確に覚えているかが問われます。当校に限らずほとんどの受験校で出題されています。お話の内容を聞き、正確に覚えるという事は、入学後の学校生活において、先生の話をよく聞き、覚えるなどといったことに結びつきます。そのため、この分野の問題は重要視されています。普段学習する際は、ご家庭で物語を読み聞かせた後、どんな物語だったかお子さまに説明させることで、お子さまがどの程度お話を聞き、理解できたか確認することができます。また、お子さまにお話を読み聞かせる時、文章で記憶させるのではなく、物語のイメージで記憶できるよう指導するとよいでしょう。

【おすすめ問題集】

1話5分の読み聞かせお話集①・②、お話の記憶 初級編・中級編・上級編

Ｊｒ・ウォッチャー19「お話の記憶」

問題6　分野：行動観察

〈準 備〉　なし

〈問 題〉　**この問題の絵はありません。**
片付けをします。机と椅子を教室の隅へ運んでください。
机は２人で、椅子は1人で運びましょう。

〈時 間〉　適宜

〈解 答〉　要略

学習のポイント

行動観察の課題です。「他の人とコミュニケーションをとる」「話を最後まで聞く」「一生懸命取り組む」といった基本的な内容を含んだ行動が観られます。普段から集団行動が問題なくこなせるるお子さまなら、難しく感じることはないでしょう。国立小学校の行動観察（運動・制作）は能力を評価するものではなく、年齢相応のコミュニケーションが取れるか、学校生活を問題なく送れるだけの協調性を持ち合わせているか、を評価するためのものです。ペーパーテストの後ということもあり、緊張が緩みやすいタイミングですから、しっかりと自制心を持ち、指示をよく聞いて行動できるようにしましょう。

【おすすめ問題集】

Ｊｒ・ウォッチャー29「行動観察」

問題7　分野：運動

〈準 備〉　テープ（赤、白）

〈問 題〉　**この問題の絵はありません。**
白い線のところから、赤い線のところまで、「ケンケンパ、ケンケンパ」と、跳んでください。赤い線まで届かなくても、そこで止まってください。

〈時 間〉　適宜

〈解 答〉　省略

学習のポイント

運動の課題です。複雑なものではありませんので、指示通り実行できるようにしましょう。この際、周りのお友だちの様子を伺いながらするのはよくありません。集中力がない、指示が聞き取れていないと判断されかねませんから、まずは指示を集中して聞き、理解するようにしましょう。また、「線まで届かなくても、そこで止まってください。」と指示がありますが、このような課題は運動能力を評価するものではなく、課題に対して意欲的に取り組む姿勢を評価するものです。線に届かなくても、最後まで全力で取り組みましょう。逆に、真剣に取り組まない、途中で諦める、指示を破るといった行為は大きな減点につながります。指示やルールを理解し守る、といった基礎的な内容ですから、そのようなことが無いよう、指導しましょう。

【おすすめ問題集】
　新運動テスト問題集、Ｊｒ・ウォッチャー28「運動」

問題8　分野：運動（模倣体操）

〈準 備〉　なし

〈問 題〉　**この問題の絵はありません。**
お手本を見て、その通りに体を動かしてください。（実際の試験ではお手本がモニターに映された）

・手を「グー・パー・グー・パー」と動かす。
・両手をパーの形で前に出しグーになるように、親指から順番に指を折っていく。手がグーの形になったら、パーの形に戻るように、小指から順番に指を広げていく。
・両腕を前に出し、後ろに５回、前に６回回す。

〈時 間〉　適宜

〈解 答〉　省略

学習のポイント

指示通りに体を動かす模倣体操です。行う前にＶＴＲで見本が流れ、次に行う動きを見ることができます。その後、テスターからどのようにするのか指示が出されます。動き自体は難しいものではありませんが、指先の動きや腕を回す回数などの細かい指示があります。見逃しや聞き逃しがないように注意してください。指示やお話を最後まで聞いて、その通り行動する、間違えても前向きに取り組むということが評価されます。運動能力を評価されるものではない、という認識を保護者の方も持って指導にあたるようにするとよいでしょう。

【おすすめ問題集】
新運動テスト問題集、Ｊｒ・ウォッチャー28「運動」

問題9　分野：行動観察（集団行動）

〈準備〉　トイレットペーパー複数個、トイレットペーパーを入れる箱、×印用のテープ

〈問題〉　「トイレットペーパー積み」
・半分に分かれて（４～５人程度）、２人１組で行います。
・最初の２人は、後ろの段ボールの中からトイレットペーパーを1個取り出し、お互いの手の平でトイレットペーパーを挟んで運びます。
・×印の地点まで運んだら、トイレットペーパーを積み上げてください。倒れてしまいそうなときは、隣に積み上げましょう。前の人が積んだトイレットペーパーを触ってはいけません。
・トイレットペーパーを積んだら、列の後ろに戻りましょう。
・トイレットペーパーを多く積めたチームの勝ちになります。

〈時間〉　適宜

〈解答〉　省略

学習のポイント

課題に取り組む姿勢や集団の中における振る舞いから、主に小学校生活への適応能力を観られています。まずは先生の指示をしっかりと聞き、課題に取り組んでください。その他にも、お友だちと円滑にコミュニケーションを取る社会性、ゲームを成立させチームの一員として行動する協調性、役割を自ら見つける自立性、意見やアイデアを出し率先して行動する積極性、リーダーシップ、他者を尊重する姿勢など、評価のポイントは多岐に渡ります。日頃から、家族とのコミュニケーションやお友だちとの遊びの時間を大切にし、集団生活での振る舞いをお子さまが自ら学んでいけるようにしてください。その過程において、お子さまの自立も促されるでしょう。なお、このような勝負の要素のある課題では、しばしば勝ちたいあまりに言動が荒っぽくなる受験生も見られます。お子さまにその傾向があるようでしたら、勝ち負けよりもルール・マナーの順守を優先しなければならないことを、お子さまなりに理解できるように指導しておきましょう。

【おすすめ問題集】
Ｊｒ・ウォッチャー29「行動観察」

問題10　分野：面接（親子面接）

〈準備〉　鉛筆

〈問題〉　志願者への質問

●志願者に対して

・お名前と生年月日を教えてください。

・今から絵を見せます。その絵を見て、答えてください。

（問題10-1の絵を見せて）あなたならどのように声をかけますか。

（問題10-2の絵を見せて）これは道路でしてはいけないことです。
どこがいけないでしょうか。また、あなたならどうしますか。

（問題10-3の絵を見せて）これは図書館の本棚です。
どこがいけないでしょうか。また、あなたならどうしますか。

・今からお話をします。正しければ「マル」、間違っている時は「バツ」と答えてください。

①ダチョウは卵を産みます。
②紫陽花は夏の花です。
③イルカはクジラの仲間です。
④星は朝に出ます。
⑤家に帰ったら手を洗います。
⑥朝、学校へ行ったら挨拶をします。

・４個のマジックブロックで好きなものを作ってください。

・（問題10-4の絵を渡して）△を左上から順番に鉛筆で塗ってください。

保護者への質問

・○○さんのお父さんとお母さんで間違いないですね。

●父親に対して

・志望動機を教えてください。
・当校は附属中学校への進学を前提とした小中一貫校ですが、それについてはどのようにお考えですか。
・附属中学校に進学を希望されますか。
・IT機器に対する考えを、お聞かせください。

●母親に対して

・病気や怪我の際、緊急時の迎えはどちらがされますか。共働きの場合でも、緊急時の送迎は大丈夫ですか。
・電車やバスでのマナーは学校でも教えますが、家庭ではどのように教えていますか。
・当校では公共の場でのマナーを大切にしていますが、マナー教育についてどのようにお考えですか。

●保護者のいずれかに対して

・当校に合格した際は辞退できませんが、当校は第一志望ですか。
・ＰＴＡ活動で学校に来ていただくことが多いですが、必ず参加できますか。
・入学した後１ヶ月程、子どもと一緒に登校したり、給食の手伝いで毎日学校に来ていただくことになりますが可能ですか。

〈時間〉　約10分

〈解答〉　省略

学習のポイント

通常の親子面接とは違い、お子さまに対しては、常識やマナーについての口頭試問といった内容となっています。普段の生活体験を通して、年齢相応の社会性を獲得しておくことが必要でしょう。質問内容としてはそれほど難しくありませんので、練習しておけば充分に答えられるでしょう。また、面接試験はお子さまと同様に、保護者にかかるプレッシャーの比重も大きいでしょう。保護者の方が学校のことをしっかり理解しているか、そして学校の教育理念と校風に合っているかを見る試験だといえます。面接試験は日頃の家庭の様子がそのまま表れますので、入室時の印象が大切です。また、質問の答えの内容だけでなく、話すときの表情、雰囲気も見られます。

【おすすめ問題集】

Ｊｒ・ウォッチャー56「マナーとルール」
新 小学校受験の入試面接Ｑ＆Ａ、面接テスト問題集、面接最強マニュアル、
口頭試問最強マニュアル 生活体験編

2022年度以前の入試問題

問題11　分野：数量（同数発見）

〈準備〉　鉛筆

〈問題〉　4つの四角の中に絵が描いてあります。左端の四角と同じ数の絵が描いてある四角に、○をつけてください。全部で8問あります。

〈時間〉　2分

〈解答〉　下図参照

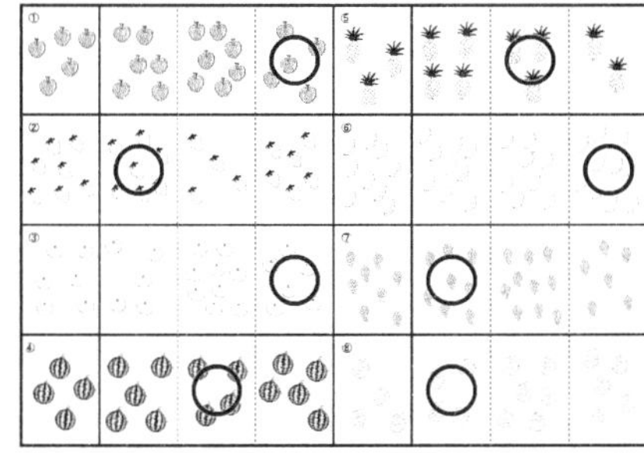

［2022年度出題］

学習のポイント

同数となっているものを見つける問題です。数の大小や多少を考える上で、速く正確に数を数えることができるか、という点が重要視されています。オセロのコマを利用して、目視のみで数を数える練習をする、などといった形で遊びの中で数の感覚を身につけるとよいでしょう。問題数が多いため、あわててしまうお子さまもいると思いますが、家庭学習の際は焦らせず、まずは正解できたかどうか、という点で評価してください。正解をした、という成功体験を基に、お子さまの学習理解度がより深まるでしょう。

【おすすめ問題集】

Ｊｒ・ウォッチャー14「数える」、36「同数発見」

問題12　分野：数量（計数）

〈準備〉　鉛筆

〈問題〉　左側に描いてある絵の数を数えて、その数だけ右側の四角に○を描いてください。全部で8問あります。

〈時間〉　2分

〈解答〉　①　6個、②　4個、③　5個、④　7個⑤　9個、⑥　8個、⑦　10個、⑧　11個

［2022年度出題］

学習のポイント

絵の個数を数え、その数だけ○を書く問題です。前問同様、まずは数を正しく数えられているか、次に○をきれいに書けているか、という点が重要です。同じ数の○を書く、という点のみでこの問題を考えると、絵を一つずつ消し込んでいく方法が確実ですが、入試で与えられる時間との兼ね合いを考えるとあまり好ましくありません。目視で個数を数え、その数だけ○を書く、という方法に慣れていくのがよいでしょう。重複して数えることのないように、上下左右どの方向から数え始めるのか、あらかじめお子さまに合わせて決めておくとよいでしょう。

【おすすめ問題集】
Ｊｒ・ウォッチャー14「数える」

問題13　分野：巧緻性（運筆）

〈準 備〉　鉛筆

〈問 題〉　左側のお手本のように、●に当たらないように、★と★を線で結んでください。
全部で４問あります。

〈時 間〉　省略

［2022年度出題］

学習のポイント

格子状に並んでいる●を避けながら、★と★を結ぶ問題になります。できるだけ結ぶ線が●と●の中央を通るように、作業を進めてください。★と★、つまり始点と終点を視界に入れて、どこを通っていくのかを予め確認したうえで、落ち着いて線を引くようにしてください。線は少々歪んでいても問題はありませんが、できれば力強く、真っ直ぐな線が好ましいでしょう。きちんと★に届いているかどうか、という点に注意して確認してください。なお、当校では消しゴムの使用はなく、間違えた際は二重線で消す指示となっています。何度も修正すると答案用紙が見づらくなるだけでなく、「雑に」作業をしたように見えてしまうので注意しましょう。

【おすすめ問題集】
Ｊｒ・ウォッチャー51「運筆①」、52「運筆②」

問題14　分野：図形（回転図形）

〈準 備〉　鉛筆

〈問 題〉　左側の絵を、矢印の方向に一回倒したとき、どのような形になるでしょう。右側の絵から、当てはまるものを選んで○をつけてください。全部で６問あります。

〈時 間〉　２分

〈解 答〉　下図参照

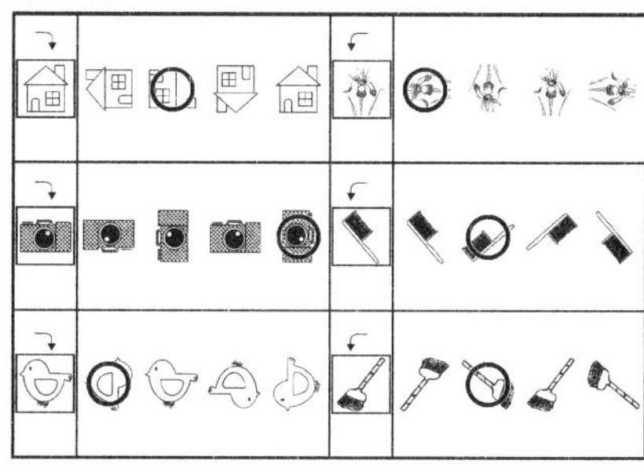

［2022年度出題］

学習のポイント

絵を回転させたときに、中の絵が正しく描いてある選択肢を選ぶ問題です。絵の特徴的な部分を見つけ、その部分がどこに移動するのかを考えて解答を選ぶとよいでしょう。例えば家の問題の場合、煙突は回転させる前は右上に位置しています。これを右側に回転させるということは、煙突は右下へ移動します。もしお子さまが理解できないようであれば、正方形の積み木の一面に絵を貼り、実際に回転させてみるとよいでしょう。実際にどのように動くのかを見れば、頭だけでの理解よりもしっかり学習ができるでしょう。

【おすすめ問題集】

Ｊｒ・ウォッチャー５「回転・展開」、46「回転図形」

問題15　分野：常識（仲間さがし）

〈準 備〉　鉛筆

〈問 題〉　☆が描いてある四角には縦横それぞれ仲間になるものが入ります。あてはまるものを右の四角から選んで○をつけてください。

〈時 間〉　２分

〈解 答〉　①ホタル　②イルカ　③チューリップ　④クリ

［2022年度出題］

学習のポイント

クロスワードのように、縦横それぞれに共通するものを選ぶ問題です。お子さまの知識ですと、共通点を発見するのが難しいかもしれません。動物、という共通点であったり、その季節の代表的な行事であったり、と共通項は色々なパターンが考えられます。知識の幅が問われますが、日常生活において充分身につけられる範囲での出題です。対策としては、知識・常識を増やすために体験を積んでおくというのはもちろんですが、同じようにさまざまな常識問題を解いておくことが有効でしょう。

【おすすめ問題集】
Ｊｒ・ウォッチャー11「いろいろな仲間」、27「理科①」、55「理科②」

問題16　分野：言語（しりとり）

〈準備〉　鉛筆

〈問題〉　矢印の方向につないで、しりとりをします。しりとりがつながる方の絵を選び、〇をつけてください。

〈時間〉　２分

〈解答〉　下図参照

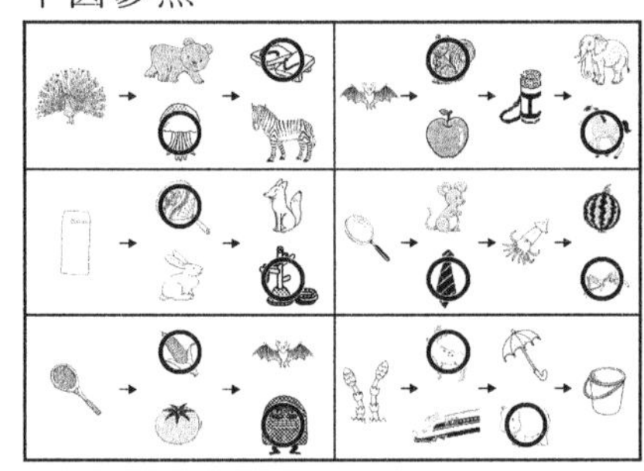

［2022年度出題］

学習のポイント

前後の言葉との繋がりを考えて選択肢を選ぶタイプのしりとりです。言葉あそびとして、日頃から慣れておくとお子さまも混乱せずに問題に取り組むことが出来るでしょう。もちろん、語彙の習得度合いで問題を解く際に必要な時間や正解率などに差が付きます。まずは、絵を見てすべてのものの名前が言えるか、という点から確認しましょう。しりとりのルールさえ分かっていれば、簡単に答えが導けます。ものの名前をしっかりと覚えること、落ち着いて考えること、この二点をしっかり定着させてください。

【おすすめ問題集】
Ｊｒ・ウォッチャー17「言葉の音遊び」、18「いろいろな言葉」

問題17　分野：行動観察（運動）

〈準備〉　イス（５脚程度を一列に並べておく）、机（10台程度）
５ｍほどの間隔で２本の線を床に引いておく。

〈問題〉　**この問題の絵はありません。**
（ＶＴＲで「模倣体操」のお手本が流れる）
①お手本のように、指を動かしてください。
・両手を前に出し、グーになるように親指から順に指を折る。
・グーになったら、パーになるように小指から順に指を広げていく。
②お手本のように、腕を動かしてください。
・両腕を前に出し、腕を上げながら、後ろに３回腕を回す。
・両腕を前に出し、腕を降ろしながら、前に３回腕を回す。
②スタートの線からゴールの線まで、「ケンケンパ、ケンケンパ」のリズムで進んでください。
③（運動が終わった後）
みんなで片付けをします。イスは１つを１人で、机は１つを２人で持って、部屋の端に片付けしてください。

〈解答〉　省略

［2022年度出題］

学習のポイント

例年と同じ、指示通りに体を動かす模倣体操です。運動を行う前にＶＴＲでお手本が流れ、次に行う動きを見ることができるので指示もわかりやすいはずです。指示をしっかり把握しているかどうか、という点が観点となります。動き自体も難しいものではないので、指先の動きや腕を回す回数などの細かい指示に気をつけて、きちんと行いましょう。当校の行動観察における運動分野は例年、基本的な動作の出題となっています。運動の基本となるケンパやスキップなどは、しっかりと動作を確認し、お子さまが戸惑わずにできるように指導しましょう。

【おすすめ問題集】
Ｊｒ・ウォッチャー28「運動」、新運動テスト問題集

問題18　分野：数量（数の比較）

〈準備〉　鉛筆

〈問題〉　それぞれの四角の中に絵が描いてあります。１番数が多いものに◯をつけてください。全部で８問あります。

〈時間〉　２分

〈解答〉　下図参照

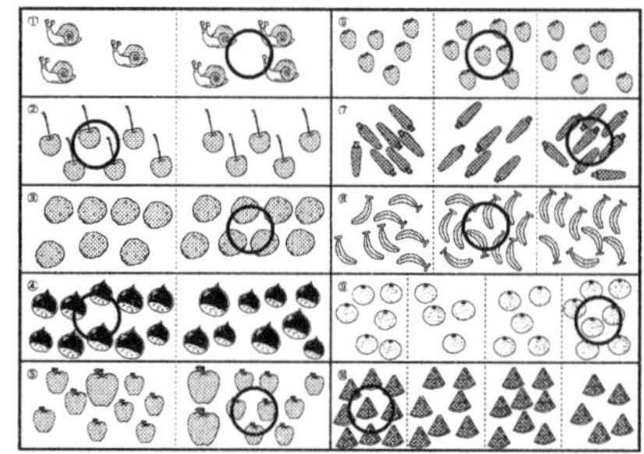

［2021年度出題］

学習のポイント

「１番多いもの」を選ぶ問題です。試験では「早く・正確に数える」ことが求められています。２つの集合のどちらが多いのかをすぐに判断することや、10以下の数を指を使わずに数えることができれば、全問を時間内に答えられる程度のスピードがあると考えてよいでしょう。「早く・正確に数える」能力ですが、問題を数多く解くことでももちろん身に付きます。また、くらしのなかでも数に触れる機会はたくさんあります。ものを分配したり、風景を見ていて目についたものの数を数えたり、いろいろな数に触れる機会を利用し、お子さまの数に対するセンスを磨いていってください。

【おすすめ問題集】

Ｊｒ・ウォッチャー15「比較」、38「選んで数える」、58「比較2」

問題19　分野：図形（対称）

〈準備〉　鉛筆

〈問題〉　左側の折り紙で色がついている部分を、ハサミで切り抜いてから元のように開いた時、どのような形になりますか。右の中から選んで○をつけてください。

〈時間〉　１分

〈解答〉　①左端　②右端　③右から２番目　④左端

［2021年度出題］

学習のポイント

展開の問題です。やや複雑なものもあるので注意してください。展開の問題は「折った線の反対側に、切り取った形が線対称（左右逆）にできる」ということが理解できればほとんどの問題に答えられますが、言葉で説明しても、理解することが難しいでしょう。基本を理解するには、実際に目の前でやって見せ、どうしてそうなるのかを理解させることが必要でしょう。お子さま次第のところはありますが、たいていは「折った紙の一部を切り取る→開く」という作業を何度か見せれば仕組みが理解でき、こうした問題も直感的に答えられるようになります。

【おすすめ問題集】
Ｊｒ・ウォッチャー５「回転・展開」

問題20　分野：巧緻性（運筆）

〈準備〉　鉛筆

〈問題〉　左側のお手本のように、●に当たらないように、★と★を線で結んでください。全部で４問あります。

〈時間〉　各20秒

〈解答〉　省略

［2021年度出題］

学習のポイント

なぞり書きとは違い、どこを通るのか、ということをお子さま自身が考えなければいけない問題となっています。指示がなくても、★と★を結ぶ際に、できるだけ線を引く長さが短くなるように考えるような習慣を持っていると、お子さまも迷わずに手を進めることが出来るでしょう。迷路も同様ですが、始点と終点が決まっている問題を解く際に、ただ闇雲に始点から進めてみるのではなく、始点と終点を確認して両側から確認していく、という視点も時には必要です。お子さまにも、さまざまな角度から問題を考える習慣を大事にするように指導してください。

【おすすめ問題集】
Ｊｒ・ウォッチャー51「運筆①」、52「運筆②」

問題21　分野：常識（仲間さがし）

〈準備〉　鉛筆

〈問題〉　☆が描いてある四角には縦横それぞれ仲間になるものが入ります。あてはまるものを下の四角から選んで○をつけてください。

〈時間〉　2分

〈解答〉　①トマト　②スイカ　③カッター　④飛行機

［2021年度出題］

学習のポイント

クロスワードのように縦横それぞれに共通するものを選ぶ問題です。①の縦の列は「夏のもの」、横の列は「野菜」なので、この2つのものを満たすのは「トマト」ということになります。以下、②は縦の列が「くだもの」、横の列は「夏のもの」、③は縦の列が「切るもの」、横の列は「文房具」、④は縦の列が「のりもの」、横の列は「飛ぶもの」となります。1つひとつのものは知っているでしょうが、2つのものの共通点を発見するのが難しいかもしれません。対策としては、知識・常識を増やすために体験を積んでいくというのはもちろんですが、同じように常識を聞く問題を解いておくことでしょう。

【おすすめ問題集】

Ｊｒ・ウォッチャー11「いろいろな仲間」、12「日常生活」、27「理科」、34「季節」、55「理科②」

問題22　分野：常識（仲間さがし）

〈準備〉　鉛筆

〈問題〉　それぞれの段で仲間ではないものを1つ選んで○をつけてください。

〈時間〉　2分

〈解答〉　①ダイコン　②アイロン　③アサガオ　④カブ

［2021年度出題］

学習のポイント

「仲間はずれさがし」の問題です。①は夏のもの、②は台所用品、③は春に咲く花、④は夏に収穫される野菜というのが共通点になります。前問と同様、年齢相応の常識が身についているかどうかが前提になっています。その場で考えてもなかなかわからないタイプの問題です。対策としては、知識を得ていくことももちろんですが、同じような仲間さがし、仲間はずれ探しの問題をたくさん解いて、いくつかのものに共通する点を見つけるという思考力も養っておくことです。ふだんはなかなかそういった思考をすることはないでしょうから、慣れておいた方がよいのです。

【おすすめ問題集】

Ｊｒ・ウォッチャー11「いろいろな仲間」、12「日常生活」、27「理科」、34「季節」、55「理科②」

問題23　分野：言語（しりとり）

〈準備〉　鉛筆

〈問題〉　**この問題の絵は縦に使用してください。**
①左上のメダカから右下のエビまでしりとりをしていきましょう。しりとりがつながるように鉛筆でなぞりながら進んでください。
②左上のサメから右下のウサギまでしりとりをしていきましょう。しりとりがつながるように鉛筆でなぞりながら進んでください。

〈時間〉　1分

〈解答〉　①【メダカ】→カラス→スミレ→冷蔵庫→こたつ→机→【エビ】
②【サメ】→メガネ→ネコ→コマ→マリ→リンゴ→ゴリラ→ラクダ→ダチョウ→【ウサギ】

[2021年度出題]

学習のポイント

このように複数の選択肢から選ぶタイプのしりとりでは、先を見ながら進めば間違いが少なくなります。慣れないうちは間違いに気付いたらすぐに分岐点に戻って、もう一度考えればよいのです。もちろん、しりとりですから、言葉を知らなければどうにもならないので、年齢なりの語彙は必要です。①ではスミレ、こたつあたりがお子さまには難しい言葉になるかもしれません。こたつは最近使っていない家庭が多いからです。入試で出題される言葉の中にも意外とお子さまが知らない言葉はあるので、問題集などでよく見ておいてください。

【おすすめ問題集】
Ｊｒ・ウォッチャー17「言葉の音遊び」、18「いろいろな言葉」

問題24　分野：言語（頭音つなぎ）

〈準備〉　鉛筆

〈問題〉　上の四角の絵の最初の音をつないでできる言葉を、下の絵の四角から選んで〇をつけてください。

〈時間〉　1分

〈解答〉　①タケノコ　②トナカイ　③ケシゴム

[2021年度出題]

学習のポイント

言葉遊びの問題に正しく答えるためには、言葉をたくさん知っているだけでなく、それらが何の音で成り立っているのかを知っている必要があります。日々のコミュニケーションの中で、お子さまがどんどん新しい言葉に触れられるようにしてください。お子さまが言葉を正しく覚えているかを確認するためには、言葉遊びが便利です。しりとりだけでなく、「頭に「あ」のつくものを探してみよう」「３つの音でできている言葉を言ってみよう」など、工夫次第で多くのバリエーションが作れますので、お出かけの際などさまざまな機会に楽しんでください。また、ものの名前を覚える際には、単に外見と名称を一致させるだけでなく、その用途や色や材質などさまざまな特徴も同時に覚えていくようにするとよいでしょう。

【おすすめ問題集】

Ｊｒ・ウォッチャー17「言葉の音遊び」、18「いろいろな言葉」

問題25　分野：行動観察（集団行動）

〈準　備〉　ボール（約10個）、紙（A1サイズ、約10枚）、カゴ２つ

〈問　題〉　**この問題の絵はありません。**
①赤チームと白チームに分かれます。
②チームの中で２人１組のペア、運ぶ順番を決める。
③ボールを２人で紙に載せて、かごまで運んでいく。
④途中でボールを落としたら、次のペアに代わる。
⑤終わりの指示が鳴るまで続けてください。
⑥最後にみんなでボールの数を数えて、多かった方が勝ちです。

〈時　間〉　適宜

〈解　答〉　省略

［2021年度出題］

学習のポイント

例年出題されている課題です。こうした勝敗のあるゲームの場合でも、勝敗にこだわる必要はありません。協調性、積極性を見せつつ、指示を理解してそのとおりに行動すればよいのです。こういったことは入学後に学校生活を過ごすには必要なことです。評価されるのもその点も多くを占めると考えてください。座学だけでは身に付くことではないので、お友だちとのふれあいや、家族とのコミュニケーションを通して学んでいきましょう。

【おすすめ問題集】

Ｊｒ・ウォッチャー29「行動観察」、新ノンペーパーテスト問題集

問題26　分野：巧緻性（運筆・書写）

〈準備〉　鉛筆

〈問題〉　左の見本と同じように、右の点を線でつないでください。２枚目も同じように書いてください。

〈時間〉　各20秒

〈解答〉　省略

［2020年度出題］

学習のポイント

見本を見ながら、その通りに点を線でつなぐ問題です。こうした問題でチェックされるのは「正確にしっかりした線を書く」ということなので、その点は意識して作業してください。「書き始めの点」を「上から～番目で左から～番目」としっかり認識し、次の点も「その点から右へ２つ、下へ１つ」と認識した上で線を引き始め、（この時、鉛筆の先と次の点、つまり線の終わりの点の両方が視界に入るようにすると、それなりにきれいな線が引けるはずです）線を引き終わったら、引いてある位置が正しいかどうかを確認しましょう。また、正しい筆記具の持ち方もチェックしてください。類題演習などを行い、お子さまと楽しんで「きれいな線を正確に引く」練習を行ってください。

【おすすめ問題集】

Ｊｒ・ウォッチャー１「点・線図形」、２「座標」、51「運筆①」、52「運筆②」

問題27　分野：常識（仲間さがし）

〈準備〉　鉛筆

〈問題〉　左側の絵と同じ仲間のものを、右側の絵の中から２つ選んで○をつけてください。２枚目も同じように答えてください。

〈時間〉　各30秒

〈解答〉　①左から２番目、右端（炊飯器、アイロン）
②左端、右から２番目（ノート、消しゴム）
③左端、左から２番目（リンゴ、モモ）
④左から２番目、右から２番目（長ぐつ、傘）
⑤左端、右から２番目（カラス、ツル）
⑥右から２番目、右端（スプーン、ナイフ）
⑦右から２番目、右端（イカ、魚）
⑧左から２番目、右から２番目（ひな人形、サクラ）

［2020年度出題］

学習のポイント

絵の共通点を見つけて選ぶ常識分野の問題です。こうした問題に対応するには、ご家庭での学習で「もの」について名前を覚えるだけでなく、特徴や使用方法もいっしょに覚える必要があります。印象に残りやすいよう、できれば「体験」した方がよいでしょう。例えば、「これは電気で動くもの」と掃除機を見せるよりは、スイッチを入れてそれを使って掃除をさせてください。身近にいない動物や見かけない植物、最近はあまり行われない季節の行事など体験することが難しいものがあります。こうしたものはインターネットや図鑑など、さまざまなメディアを利用して、疑似体験をさせください。映像でも、興味が持てるものならお子さまは覚えてくれるでしょう。

【おすすめ問題集】

Ｊｒ・ウォッチャー11「いろいろな仲間」、12「日常生活」、27「理科」、34「季節」、55「理科②」

問題28　分野：推理（系列）

〈準備〉　鉛筆

〈問題〉　空いている四角に入る絵を下から選んで、その四角に書かれた印と同じ印をつけてください。

〈時間〉　各30秒

〈解答〉　下図参照

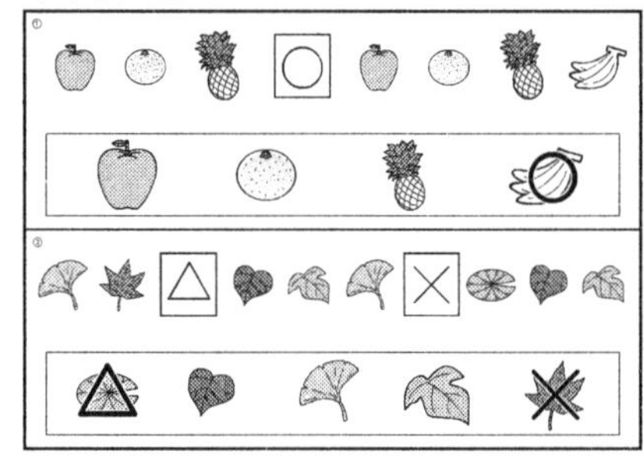

［2020年度出題］

学習のポイント

系列の問題は、「記号がどのようなお約束で並んでいるのかを考えること」が基本の解き方です。まず、記号の並びを左から見ていき、同じ記号が２回目に出ているところを見つけます。この問題の①で言えば、最初に出ている「リンゴ」が５番目にも出ています。「リンゴ」「ミカン」「パイナップル」「？」までがお約束である、と仮定して、５番目のリンゴより後ろをチェックします。すると「リンゴ」「ミカン」「パイナップル」「バナナ」と並んでいるので、仮定したお約束が正しく、空欄に入る絵が「バナナ」であることもわかります。基本となる考え方ですので覚えておいてください。お子さまが慣れるまでは苦戦する分野です。しっかりと類題演習を行いましょう。

【おすすめ問題集】

Ｊｒ・ウォッチャー６「系列」、31「推理思考」

問題29　分野：言語（しりとり）

〈準 備〉　鉛筆

〈問 題〉　**この問題の絵は縦に使用してください。**
左側の絵からしりとりをした時、使わないものが１つあります。それぞれの段から探して○をつけてください。

〈時 間〉　１分

〈解 答〉　①右（セミ：ピアノ→ノコギリ→リス）
②左（てぶくろ：メガネ→ネコ→コタツ）
③真ん中（せんぷうき：アジサイ→イチゴ→ゴリラ）
④右（サクラ：モチ→チューリップ→プリン）
⑤真ん中（イノシシ：くつした→タコ→コウモリ）

［2020年度出題］

学習のポイント

しりとりの問題です。先頭の言葉がわかっているので、かなり簡単と言えるでしょう。登場する言葉（絵）も見慣れたものばかりですから、ある程度学習が進んでいるお子さまなら答えられたのではないでしょうか。もし、答えに詰まるようなら、①年齢なりの言葉の知識・語彙が少ない、②絵と言葉が結びつかない、の２つの原因が考えられます。このうち、①についてはとにかくお子さまが言葉を覚える機会を逃さないようにすることです。言葉カードのような知育玩具もありますが、それよりは生活の場面で目にするものやお子さまが関心を持ったものの言葉を、保護者の方が使い方を含めて教える方が効率がよいかもしれません。生活内でのコミュニケーションをよく行ってください。②に関しては類題で「実物と絵の差」を学んでください。慣れるほどお子さまの理解は深まり、語彙も増えていきます。

【おすすめ問題集】
Ｊｒ・ウオッチャー17「言葉の音遊び」、49「しりとり」、
60「言葉の音（おん）」

問題30　分野：言語（頭音つなぎ）

〈準備〉　鉛筆

〈問題〉　左側の絵の、最初の音をつないでできる言葉を、右側から選んで線でつないでください。

〈時間〉　１分

〈解答〉　下図参照

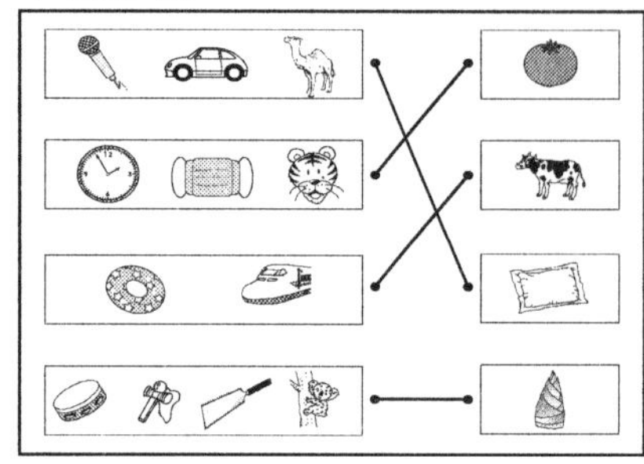

［2020年度出題］

学習のポイント

言葉の音（おん）の問題です。言葉の音（おん）とは簡単に言えば、読み方のことですが、これを理解するには、お子さまが言葉を覚える段階で「ね、ず、み」のように１音ずつ切って、はっきり発音して聞かせ、その言葉がいくつの音（おん）でできているか意識させてください。何度か繰り返せば、お子さまも言葉の成り立ちや言葉の音を理解するでしょう。なお、当校入試では言語分野の問題が頻出していますので、類題の学習はもちろん、「日常で使う言葉」を増やしてしていく必要があります。それは「知らないものの名前を覚える」ということだけではありません。当校で言えば、少なくともほかの分野の問題（面接や運動、行動観察を含む）で登場するもの、指示で使われる言葉を含めて学ぶということです。

【おすすめ問題集】

Ｊｒ・ウォッチャー17「言葉の音遊び」、60「言葉の音（おん）」

問題31　分野：図形（展開）

〈準備〉　鉛筆

〈問題〉　左の折り紙の色の部分を、ハサミで切り抜いてから開いた時、どのような形になりますか。右の中から選んで○をつけてください。

〈時間〉　１分

〈解答〉　①左から２番目　②左端　③右から２番目　④左端

［2020年度出題］

学習のポイント

折り畳んである絵を広げたら、どの図形になるのか考える「展開」の問題です。展開の問題では、いきなり「折り畳まれているものを広げたらどうなるか」と聞かれると、お子さまはよくわからなくなってしまいます。慣れるまでは「折り目の線を軸にして見えている形と左右反転した形が裏側にもある（切り抜かれている）」、という説明を付け加えてください。説明してわからなければ実際に紙を折って切り抜き、お子さまに見せることで理解させてください。この問題に限ったことではありませんが、「何を聞かれているか」「どのように考えればよいか」がわかれば、お子さまはこうした問題はすらすら解くものです。

【おすすめ問題集】

Ｊｒ・ウォッチャー５「回転・展開」、８「対称」

問題32　分野：数量（積み木）

〈準備〉　鉛筆

〈問題〉　積み木はそれぞれ何個ありますか。その数だけ右の四角の中に○を書いてください。隠れている積み木もあるので注意してください。

〈時間〉　１分30秒

〈解答〉　①○：６　②○：12　③○：17

［2020年度出題］

学習のポイント

積み木の数の問題です。もし、お子さまがよく理解していない場合、次の方法を試してください。①基本となる８個の積み木で構成するサイコロのような立方体（積み木が下段４つ、上段４つの立方体）をイメージする　②その形を基準に積み木いくつ分多いのか（少ないのか）と考えて答えを出す、という方法です。問題①なら、基本となる積み木に対して上段の積み木が２つ少ないので８－２＝６ということになります。この考え方のよいところは、「（ほかの積み木の下に置かれて）描かれていない積み木」について推測しなくても正しい答えが出せることでしょう。ただし、②や③のように多くの積み木が使われていると、混乱の原因になってしまうこともあります。使用はケース・バイ・ケースという形で教えてください。

【おすすめ問題集】

Ｊｒ・ウオッチャー14「数える」、16「積み木」

問題33　分野：図形（図形分割）

〈準備〉　鉛筆

〈問題〉　３枚の絵を組み合わせて左の見本を作るとき、使わないものを、右から選んで○をつけてください。２枚目も同じように答えてください。

〈時間〉　各15秒

〈解答〉　①右から２番目　②右から２番目　③左から２番目
④左端　⑤右端　⑥左端

［2019年度出題］

学習のポイント

「いらない絵（ピース）を答える」というパズルの問題です。完成図をイメージすることができ、いらない部品は消去法を用いて考えましょう。まず、両端（上下左右）に入りそうな絵に印を付けます。次に印の付いていない選択肢と印の付いている選択肢をつなげた時に、矛盾がないかどうかをチェックします。スムーズにつながっているものに印を付けると、残ったものが答えということになります。こういったテクニックを使わなくても、図形分野の問題は「慣れればわかる」というのも１つの考え方ですが、パズルという遊びではなく、問題として目にするとよくわからなくなるというお子さまもいるでしょう。そういったお子さまにはわかりやすい考え方です。

【おすすめ問題集】
Ｊｒ・ウォッチャー３「パズル」、45「図形分割」

問題34　分野：推理（シーソー）

〈準備〉　鉛筆

〈問題〉　シーソーを見て、１番重い動物に○をつけてください。

〈時間〉　各30秒

〈解答〉　①真ん中（クマ）　②左（ネコ）　③真ん中（キツネ）　④真ん中（ゴリラ）

［2019年度出題］

シーソーの問題です。小学校入試の問題でよく見られるシーソーの問題は、１番重いものや２番目に重いものなど、重さの順番を答えます。基本的な解き方は「それぞれの重さの関係を確認し、重い順に並べた上で答えを見つける」です。例えば①の場合、左のシーソーからクマはウサギよりも重いことがわかり、右のシーソーからウサギはカエルよりも重たいことがわかります。この２つの関係から、重い順にクマ＞ウサギ＞カエルとなることがわかり、クマが正解となります。よく見ると、１番重いものは１度も上の軽いところにはきません。また１番軽いものは１度も下の重いところにはきません。このシーソーの法則を理解し、比較していくとお子さまは理解しやすいでしょう。ただ、気を付けてほしいのは、問題の中の果物の重さの関係は、描かれている大きさや、実際の果物の重さとは無関係ということです。「リンゴは大きいから重い」「イチゴはふつう軽い」などと、思い込みで判断したりしないように、あくまでもシーソーを使った比較で判断するように指導してください。

【おすすめ問題集】

Ｊｒ・ウォッチャー31「推理思考」、33「シーソー」、58「比較②」

問題35　分野：巧緻性（運筆・模写）

〈準備〉　鉛筆

〈問題〉　左の見本と同じように、右側の点を線でつないでください。２枚目も同じように書いてください。

〈時間〉　各20秒

〈解答〉　省略

［2018年度出題］

見本通りに、点を線でつなぐ問題です。評価対象として考えられることは、①見本と同じ点（座標）を特定できる。②線をきれいに引くことができるという２つのポイントです。同じ点（座標）に引くためには、「左から○番目、上から○番目」というように、まず書き始める点（始点）を自分なりに決めておくとよいでしょう。始点を決めれば、次はどこまで線を引くのか、同じように決めて、まっすぐな線を１つひとつ引くようにしましょう。一気に曲がる線まで書いてしまうと、まっすぐになりませんし、線を引きすぎてしまう場合があります。本問は当校を受験するお子さまのほとんどが正答できるものなので、きれいに線を引くというところで、ほかのお子さまと差を広げていきたいものです。

【おすすめ問題集】

Ｊｒ・ウォッチャー１「点・線図形」、２「座標」、51「運筆①」、52「運筆②」

問題36　分野：図形（パズル）

〈準備〉　鉛筆

〈問題〉　右側の２つの形を合わせると、左側の形になるものを、右側から２つ選んで○をつけてください。

〈時間〉　各30秒

〈解答〉　下図参照

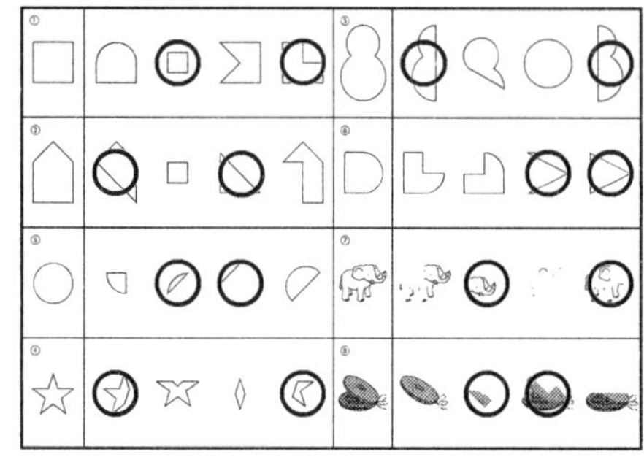

［2018年度出題］

学習のポイント

見本の絵と同じ形になるように、選択肢の中から２つのピースを選ぶパズルの問題です。⑦や⑧のような動物や楽器などの絵を使った問題では、足りない部分を想像して補うという、欠所補完の考え方も取り入れるとわかりやすいでしょう。本問を解く基本的な考え方は、見本の形や絵をイメージした上で、足りない部分を補うには、どんな形が必要か全体をイメージすることです。最後に、線の傾きや角度の大きさ、絵の中の線のつながりなどの、その図形の特徴に注目して、正しい組み合わせを選んでいきましょう。こうした図形の問題において必要となる、図形の特徴をとらえる能力や、図形の変化（欠ける、回転するなど）を想像する力を鍛えるには、経験を積むしかありません。類題ばかりでなく、タングラムやジグソーパズルなどを楽しみながら、図形に関する知識を深めていきましょう。

【おすすめ問題集】
　Ｊｒ・ウォッチャー３「パズル」、９「合成」、31「推理思考」

問題37　分野：常識（仲間さがし）

〈準備〉　鉛筆

〈問題〉　上の絵の仲間を、下の四角から選んで○をつけてください。

〈時間〉　各30秒

〈解答〉　①右から２番目（自動車、四輪）　②左端（イルカ、ほにゅう類）
③左から２番目（ツバキ、冬）　④右から２番目（リンゴ、実が木になる）
※お子さまがこの解答以外に○をつけた場合、説明を聞いて、問題の主旨とあっていると判断できる場合は、正解としてください。

［2018年度出題］

学習のポイント

並んでいる絵の共通点を考える常識分野の問題です。年齢相応の知識量や、その知識から共通点を見つける発想力が観られます。こうした、知識を得るための学習では、まずものの名前と姿形を覚え、次にその特徴や使用方法などをおぼえるようにしましょう。名前を覚えるのは単純な記憶ですが、ものの「特徴・性質」を覚えるのは、体験を伴っていないとなかなか身に付きません。また、得た知識は整理しないとこうしたテストには活用できませんので、そのような機会をつくっておくとよいでしょう。図鑑やインターネットなどさまざまなメディアを使い、実際に見聞きするもの以外にもしっかり興味を持てるように指導しましょう。また③は「正月（門松）」「節分（豆まき）」「クリスマス」から「冬」が共通点となります。小学校入試で、このような季節を問う問題は「３～５月」を春、「６～８月」を夏、「９～11月」を秋、「12～２月」を冬と考えます。行事、花、旬の野菜などの季節を問われることは多いので、参考にしてください。

【おすすめ問題集】

Ｊｒ・ウォッチャー11「いろいろな仲間」

問題38　分野：推理（系列）

〈準備〉　鉛筆

〈問題〉　空いている四角に入る絵を下の四角から選んで、その四角に書かれた印と同じ印をつけてください。

〈時間〉　各30秒

〈解答〉　下図参照

［2018年度出題］

並び方の「お約束」を見つける系列の問題です。「○、△、□…の順番で並んでいるから」というように、答えを選んだ理由を説明できるようになれば、この問題を理解できていると言えるでしょう。解き方のハウツーとしては、同じ記号や絵を探してそれぞれ別の指で押さえ、その指の間隔を保ったまま、隣にずらしていき、空欄になっている部分まで移動した時、もう一方の指が押さえている絵柄を見るという方法があります。しかし、こうしたハウツーを最初から教えても、お子さまの学力向上には役立ちません。パターン（お約束）を発見できるだけの観察力や思考力を養うことを目的に、その場面に応じたヒントを与えながら、お子さま自身に十分に考えさせてください。この種の問題に慣れていないうちは、回答時間を気にせずに取り組み、系列のパターン（お約束）を見つけることに慣れてきたら、それぞれの問題の解答時間内に答えられるだけのスピードを意識しながら、類題に取り組んでください。

【おすすめ問題集】

Ｊｒ・ウォッチャー６「系列」、31「推理思考」

問題39　分野：言語（頭音つなぎ）

〈準備〉　鉛筆

〈問題〉　左側の絵の、最初の音をつないでできる言葉を、右側から選んで線でつないでください。

〈時間〉　１分

〈解答〉　下図参照

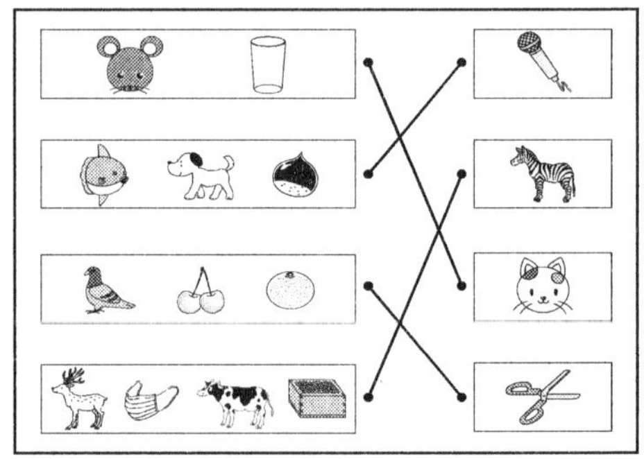

［2018年度出題］

学習のポイント

本問は、左の四角の絵の中にあるものの最初の言葉の音（おん）をつないでできた言葉がどれか、右の絵の四角から選んで結ぶ問題です。例年よく出題されている問題なので、確実に慣れておきましょう。音（おん）というと、一見難しく聞こえますが、いわゆる読み方のことです。本問を解いていくポイントとしては、右の絵をしっかり読むことから始まります。右の絵は上から順にマイク、シマウマ、ネコ、ハサミとなっています。マイクは「マ、イ、ク」の３つの音（おん）からなっているので、答えは左の絵の上から２番目のマンボウ、イヌ、クリの段と結ぶということになります。言葉の音（おん）を理解するには、お子さまが言葉を覚える時に、１音ずつきって、はっきり発音して聞かせるとよいでしょう。

【おすすめ問題集】

　　Ｊｒ・ウォッチャー17「言葉の音遊び」、60「言葉の音（おん）」

問題 1

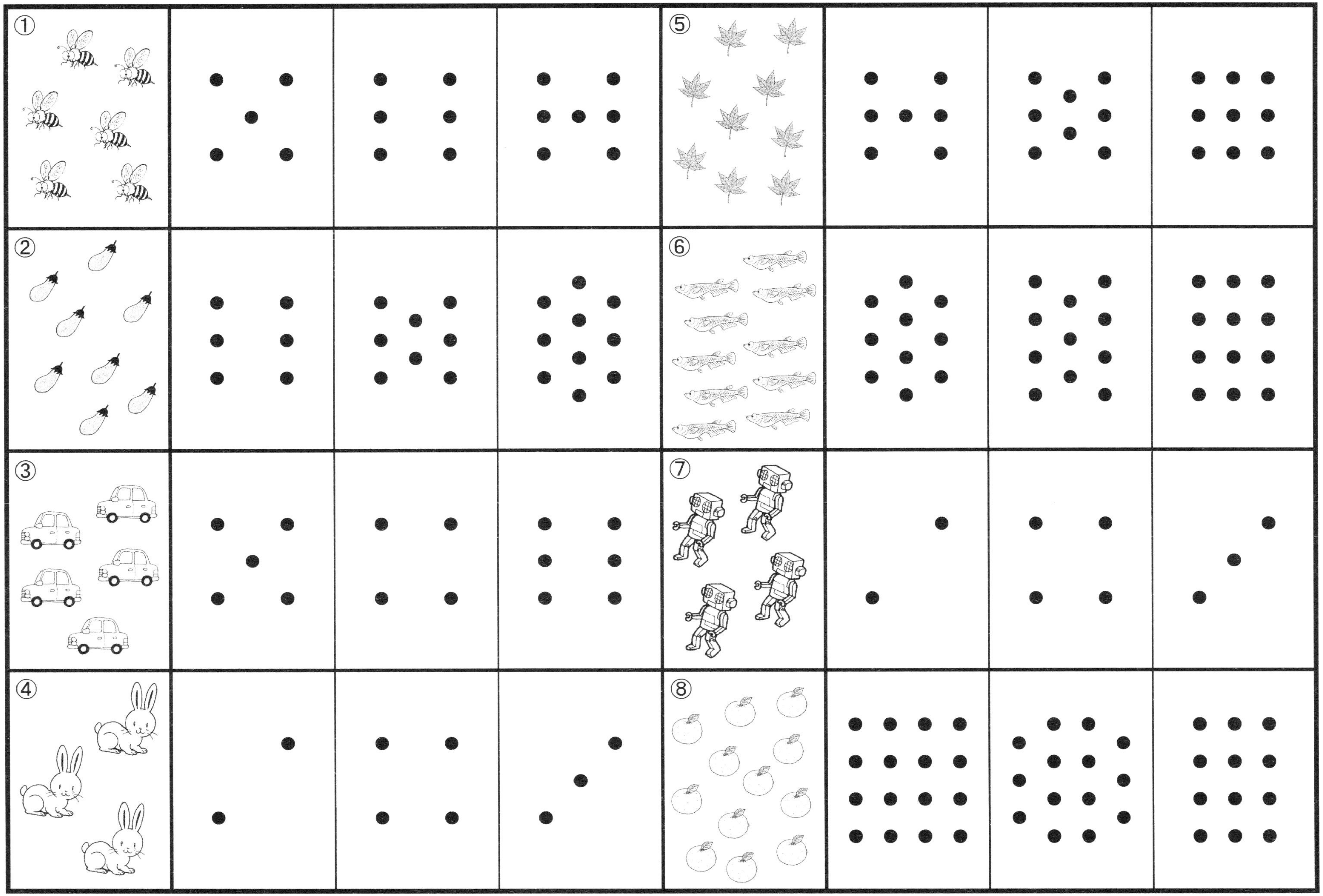

①

②

③

④

⑤

⑥

⑦

⑧

問題 2

①

③

②

④

問題3

①

②

③

④

⑤

⑥

問題 4

問題 5

①

②

③

④

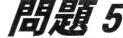

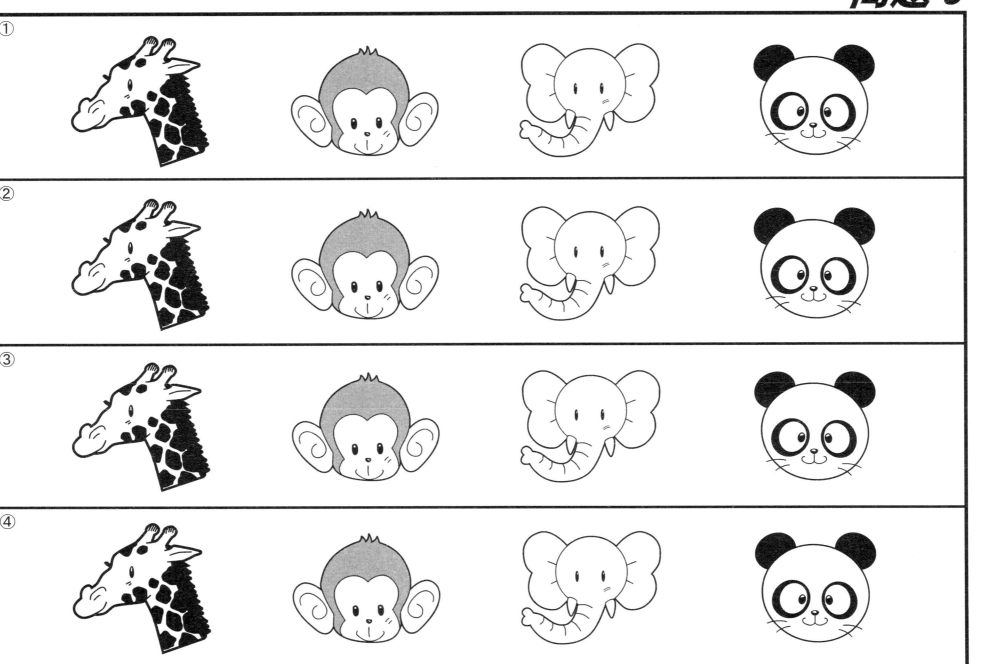

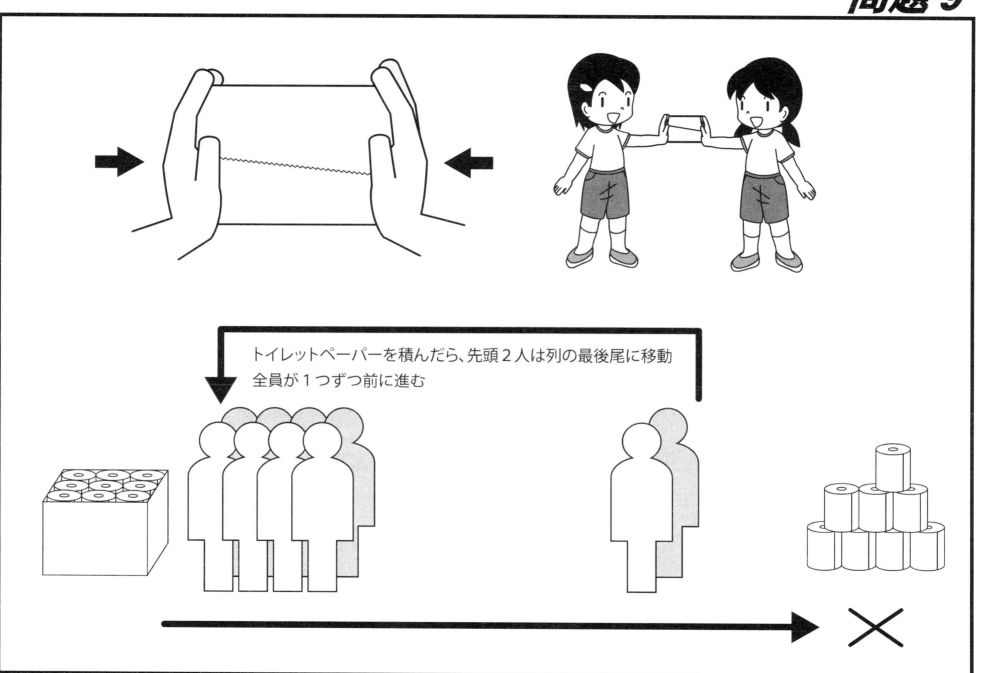

問題 9

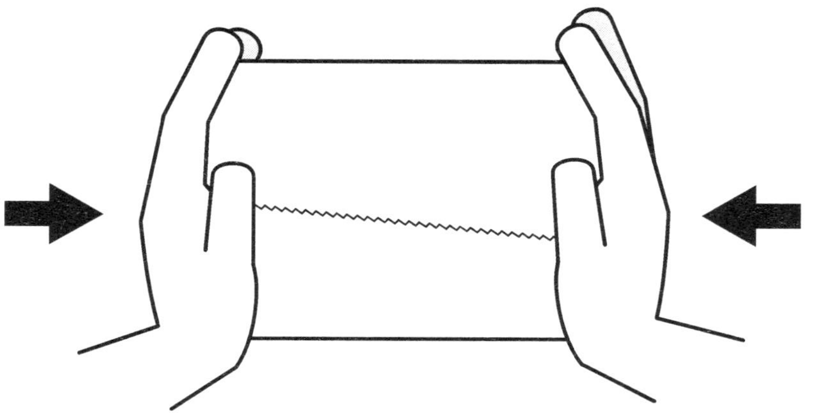

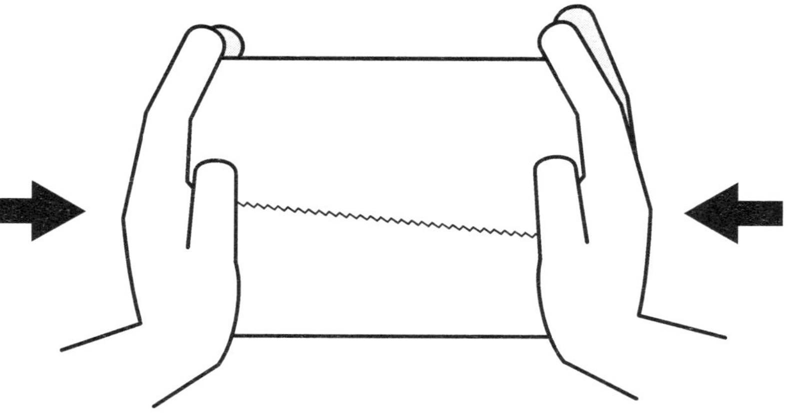

トイレットペーパーを積んだら、先頭２人は列の最後尾に移動
全員が１つずつ前に進む

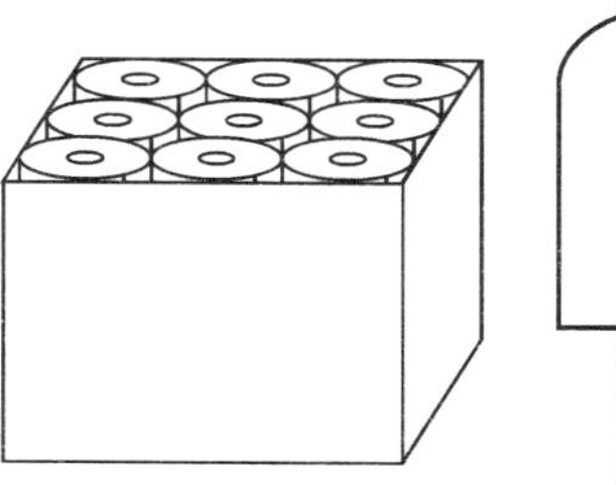

日本学習図書株式会社

問題１０－１

問題１０－２

問題１０－３

問題１０－４

問題１１

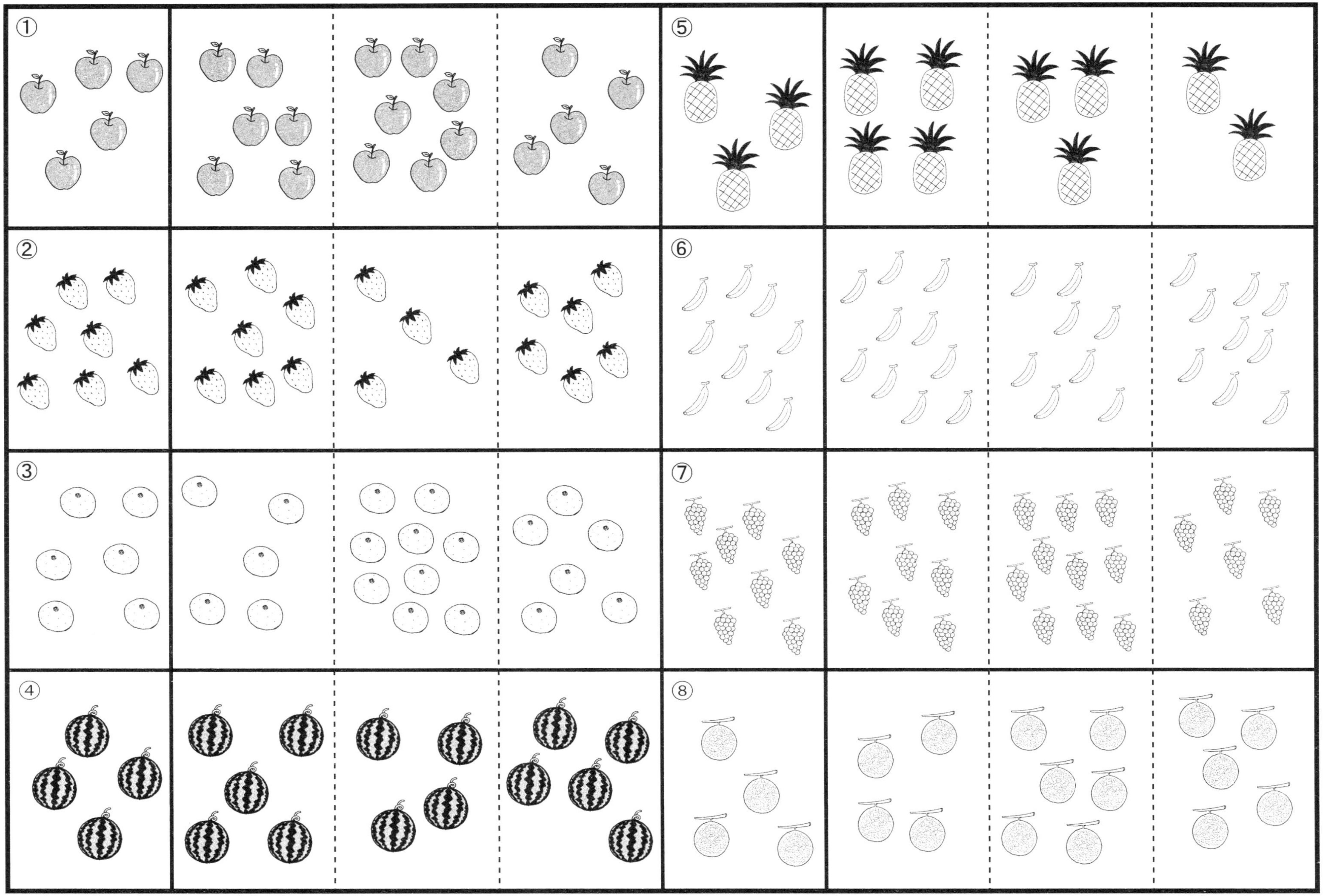

①

②

③

④

⑤

⑥

⑦

⑧

問題１２

①

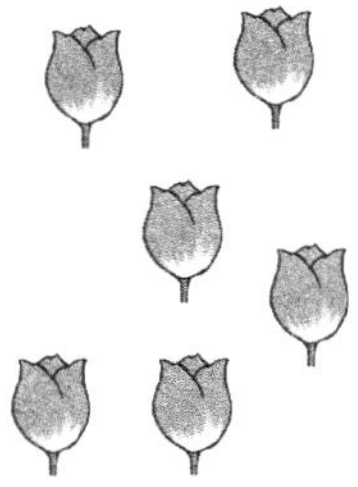

②

③

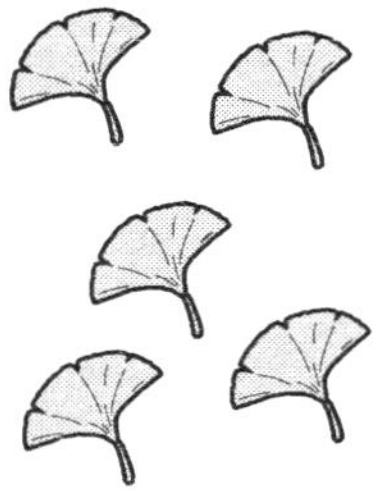

④

⑤

⑥

⑦

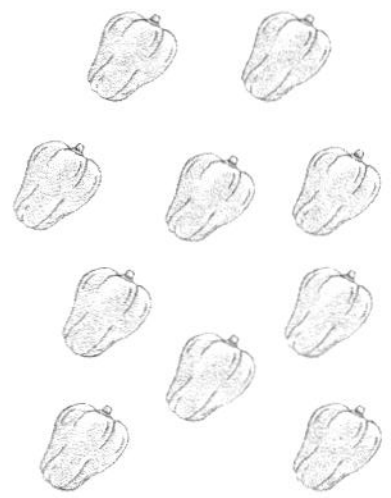

⑧

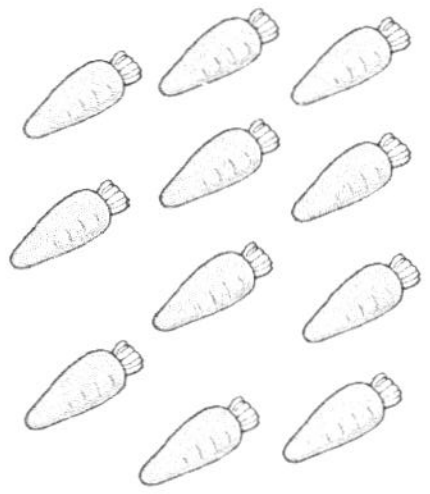

日本学習図書株式会社

問題１３

①

②

③

④

問題１４

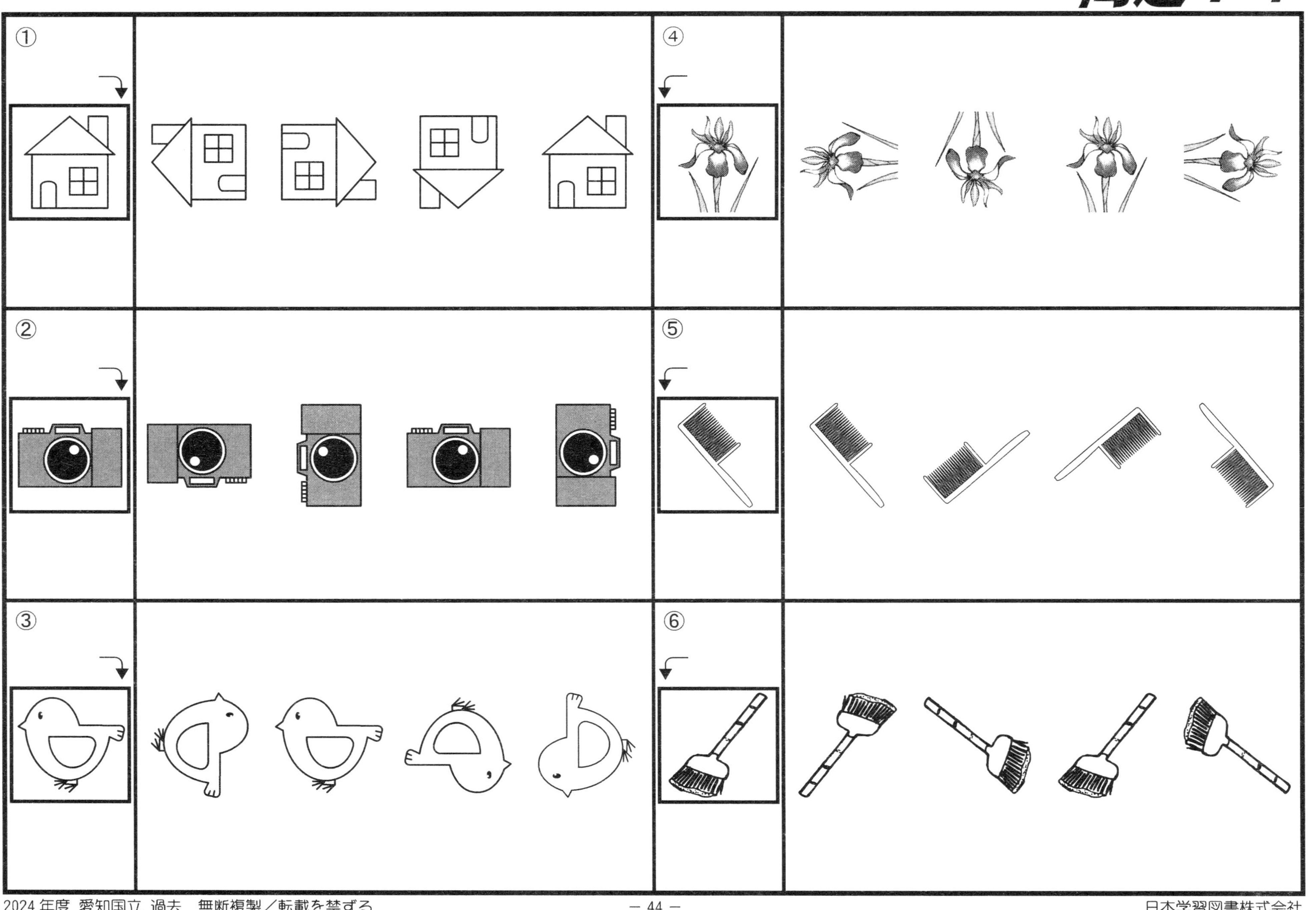

問題１５

①

②

③

④

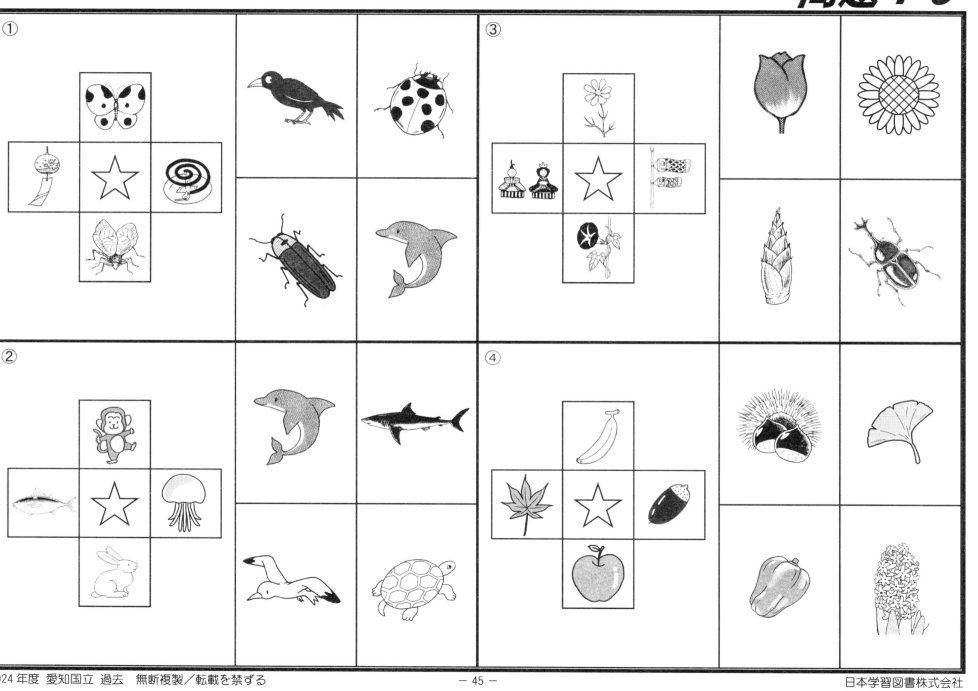

問題１６

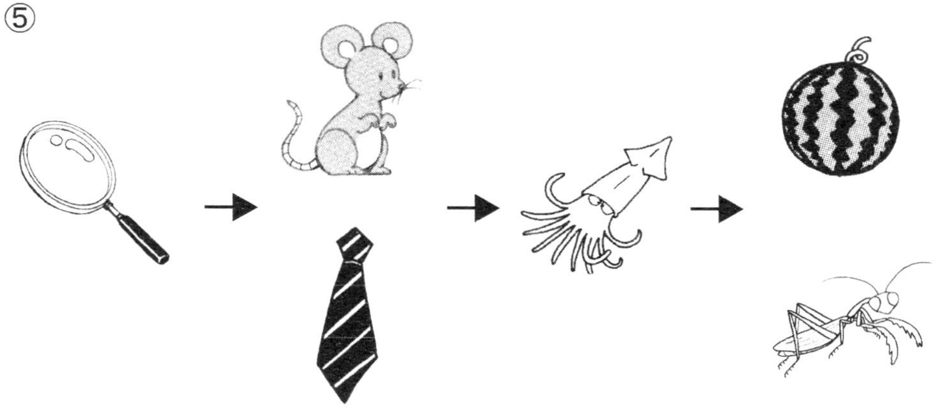

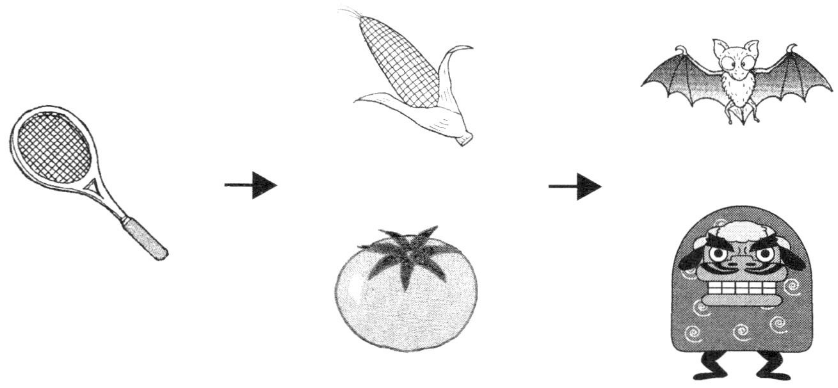

①

②

③

④

⑤

⑥

問題１８

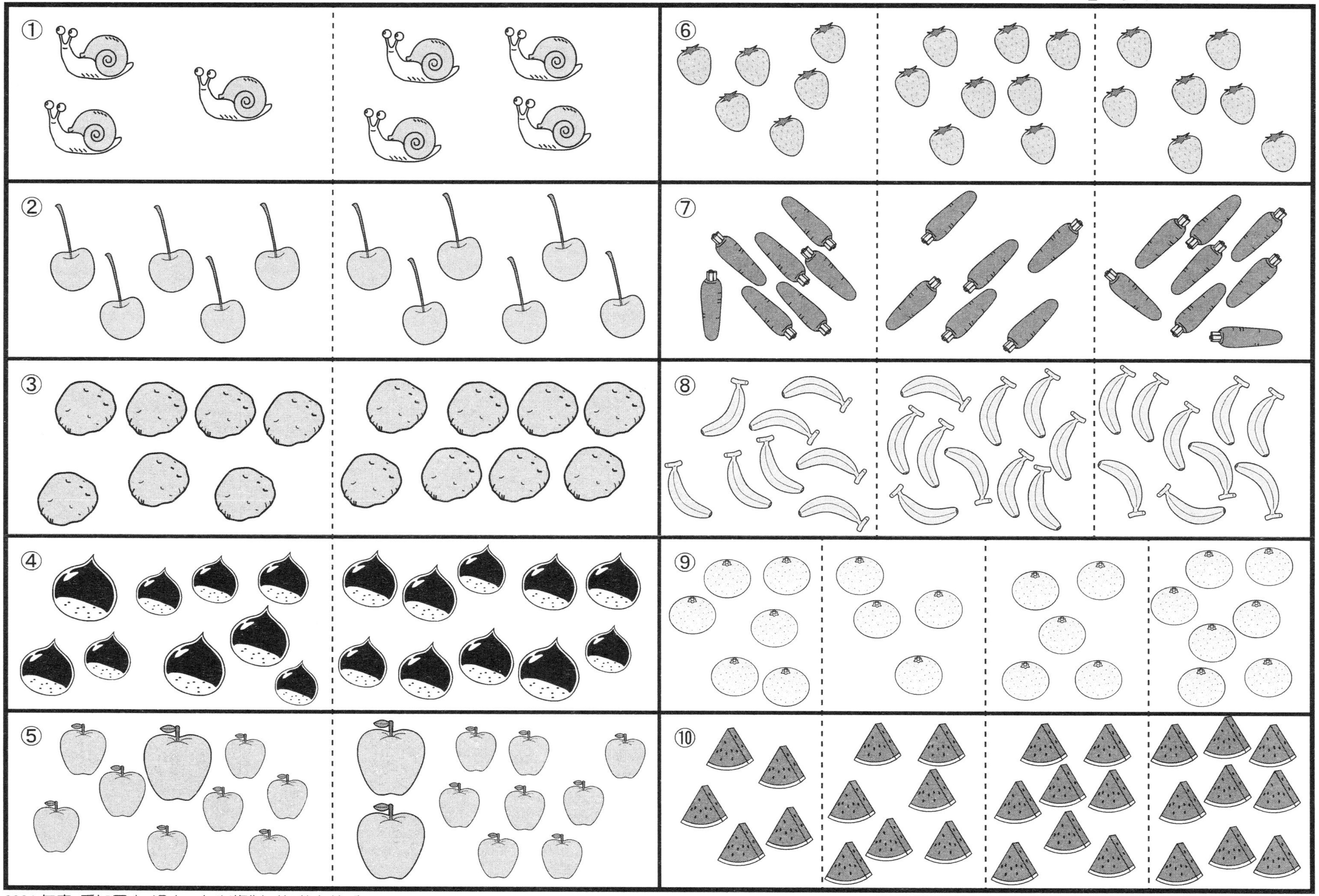

①

②

③

④

⑤

⑥

⑦

⑧

⑨

⑩

問題１９

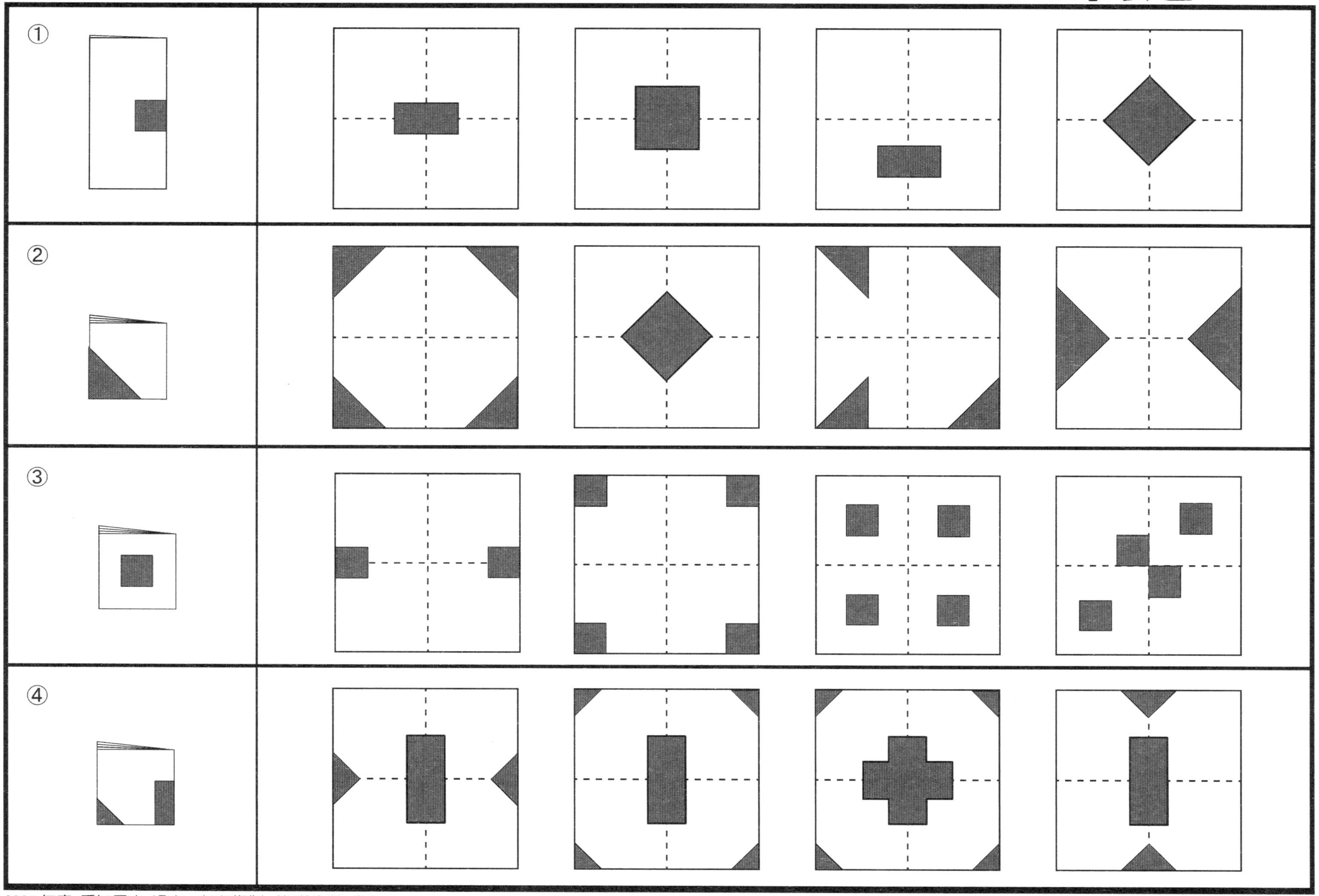

①

②

③

④

問題２０

①

②

③

④

問題２１

①

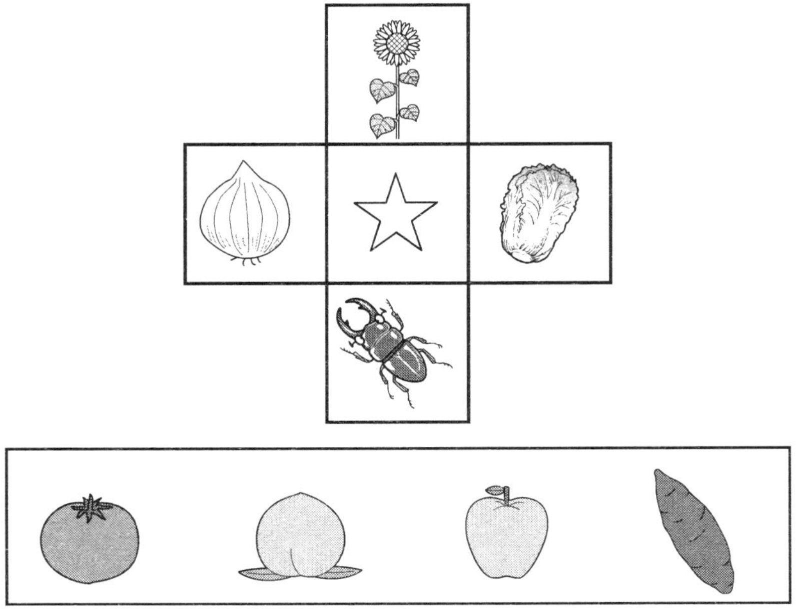

②

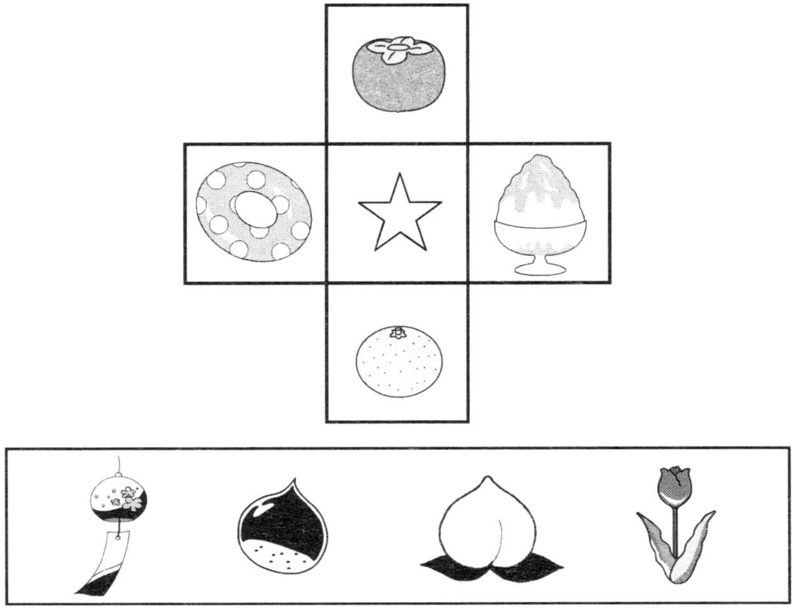

③

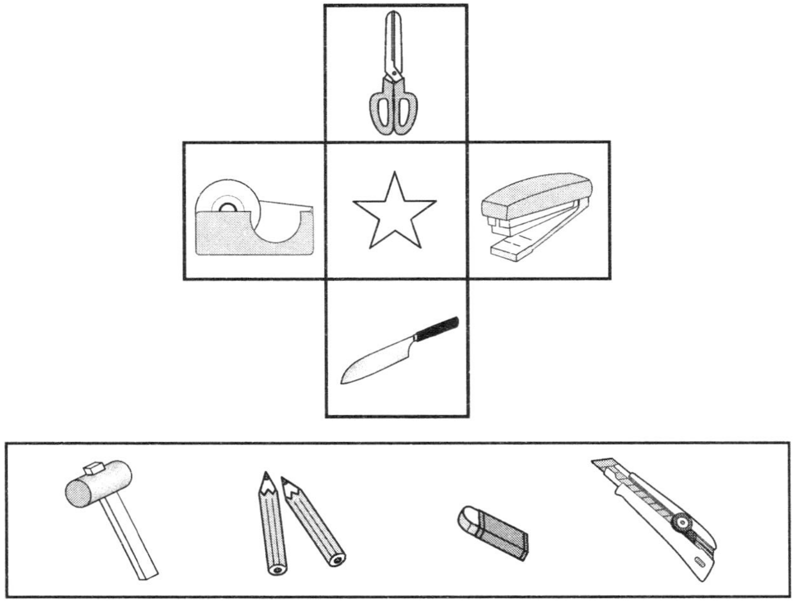

④

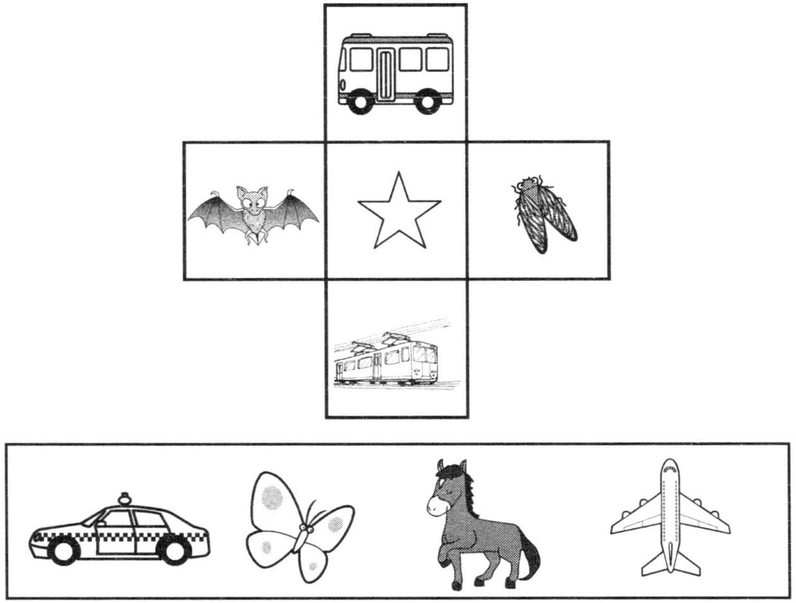

問題22

問題２３

①

②

問題２４

①

②

③

問題２６－１

①

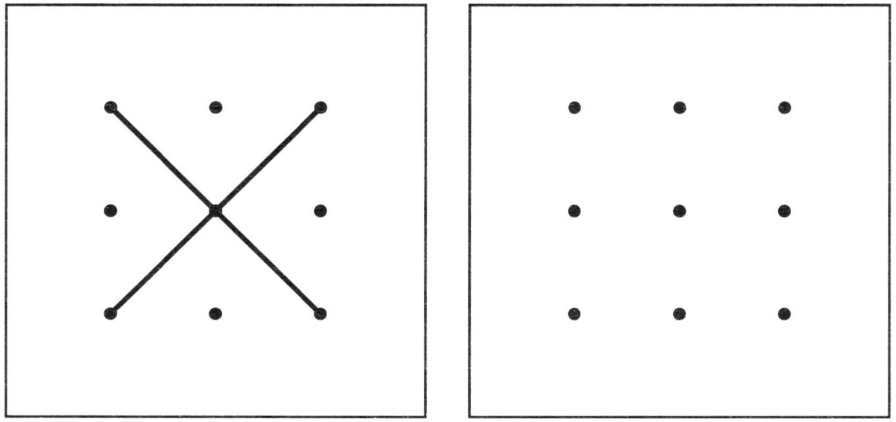

②

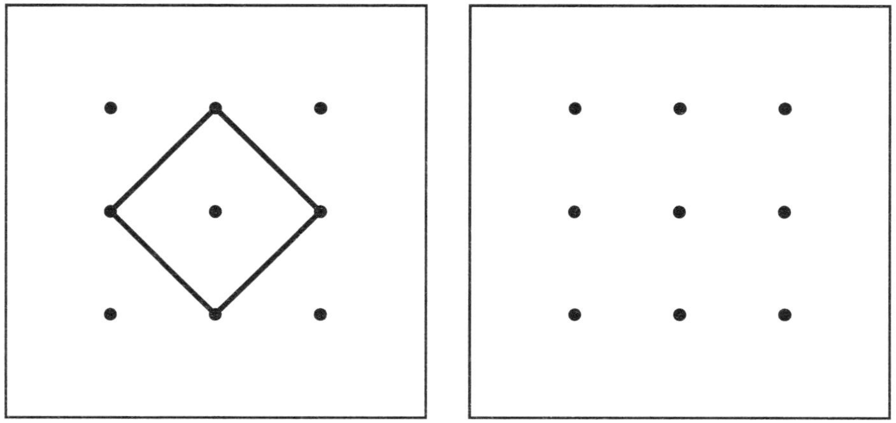

③

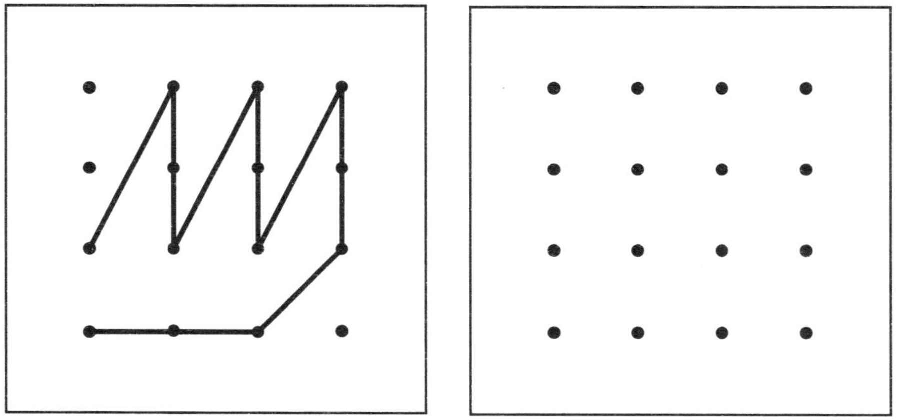

④

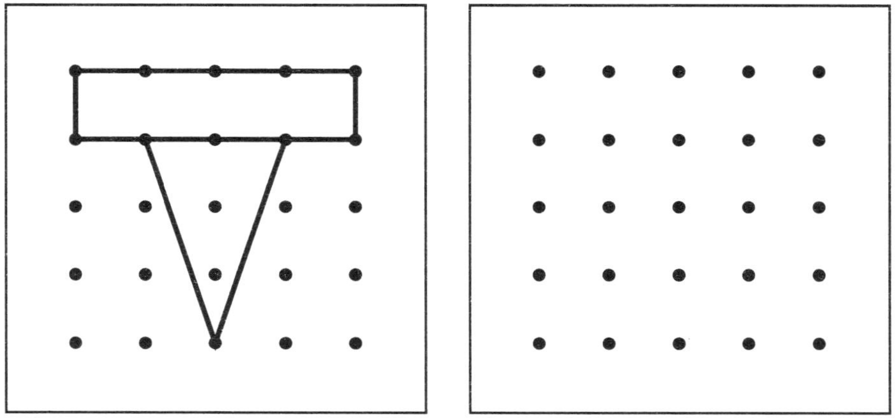

問題２６－１

⑤

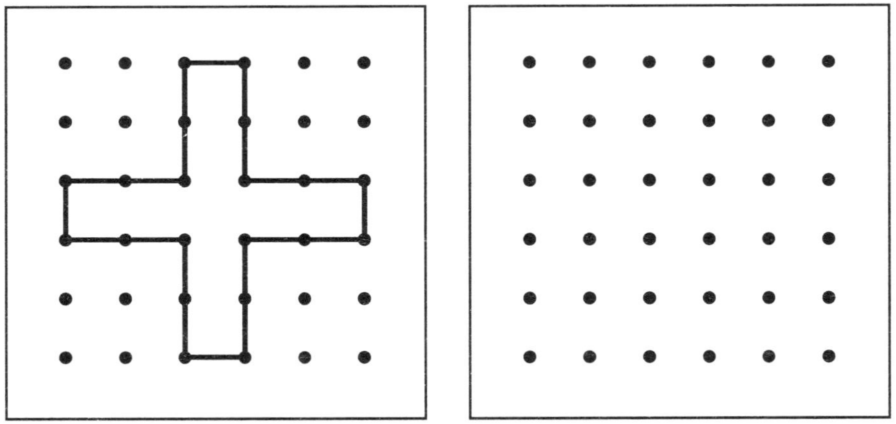

⑥

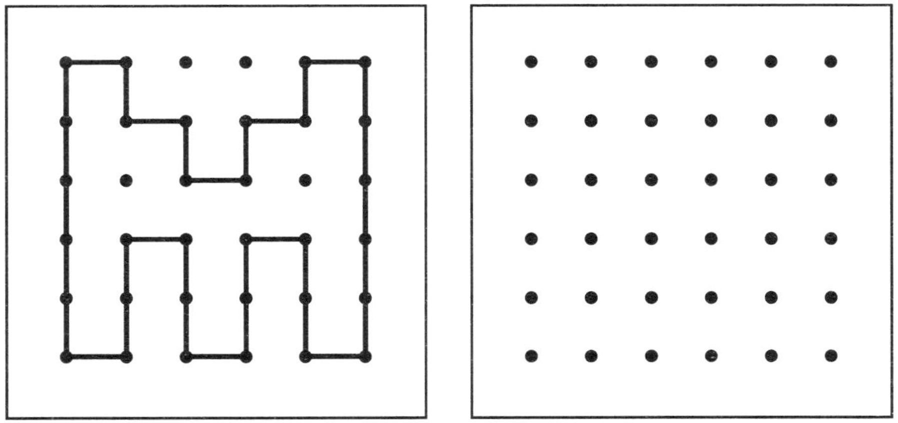

⑦

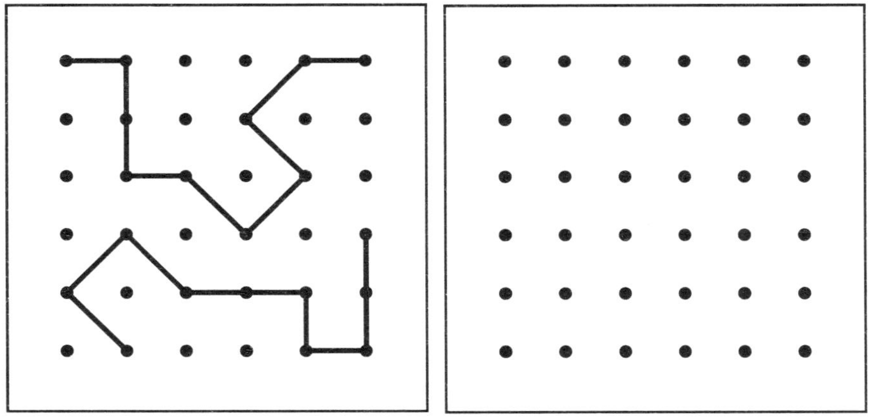

⑧

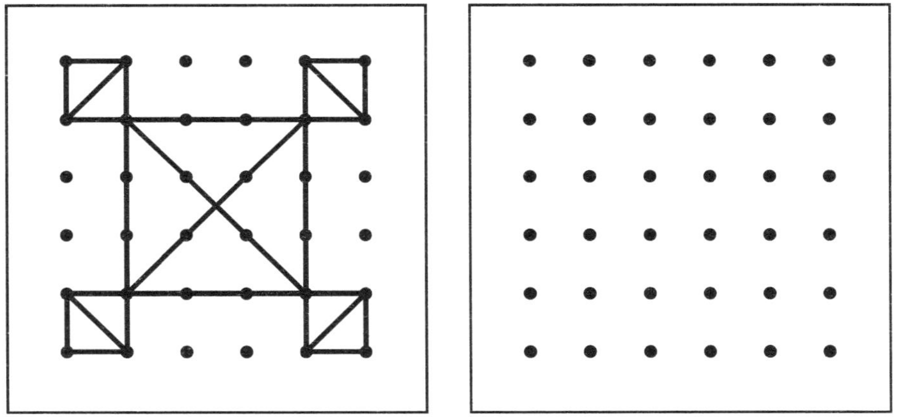

問題２７－１

①	
②	
③	
④	

問題２７

⑤

⑥

⑦

⑧

問題２８

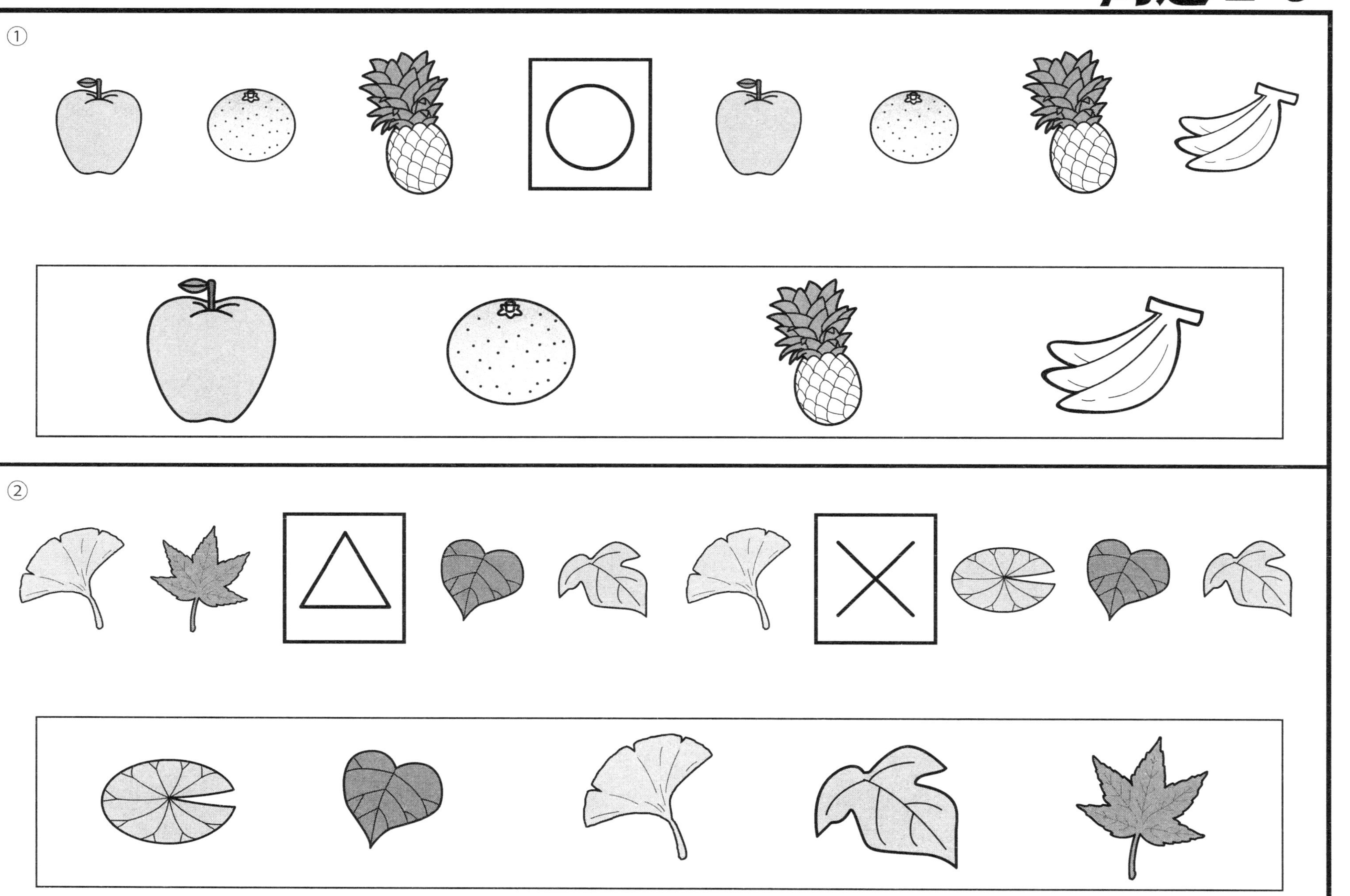

問題29

①

②

③

④

⑤

問題３０

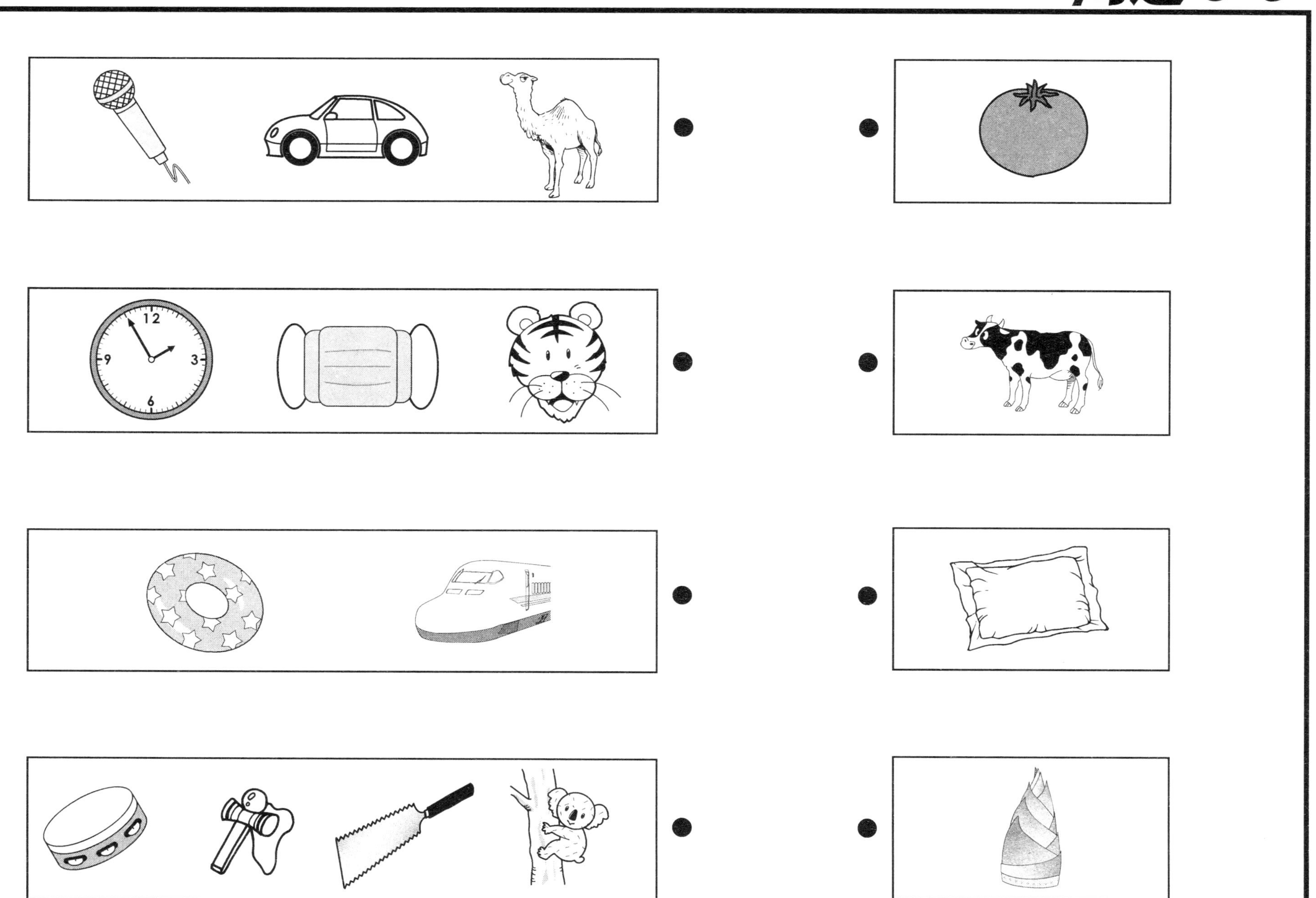

問題３１

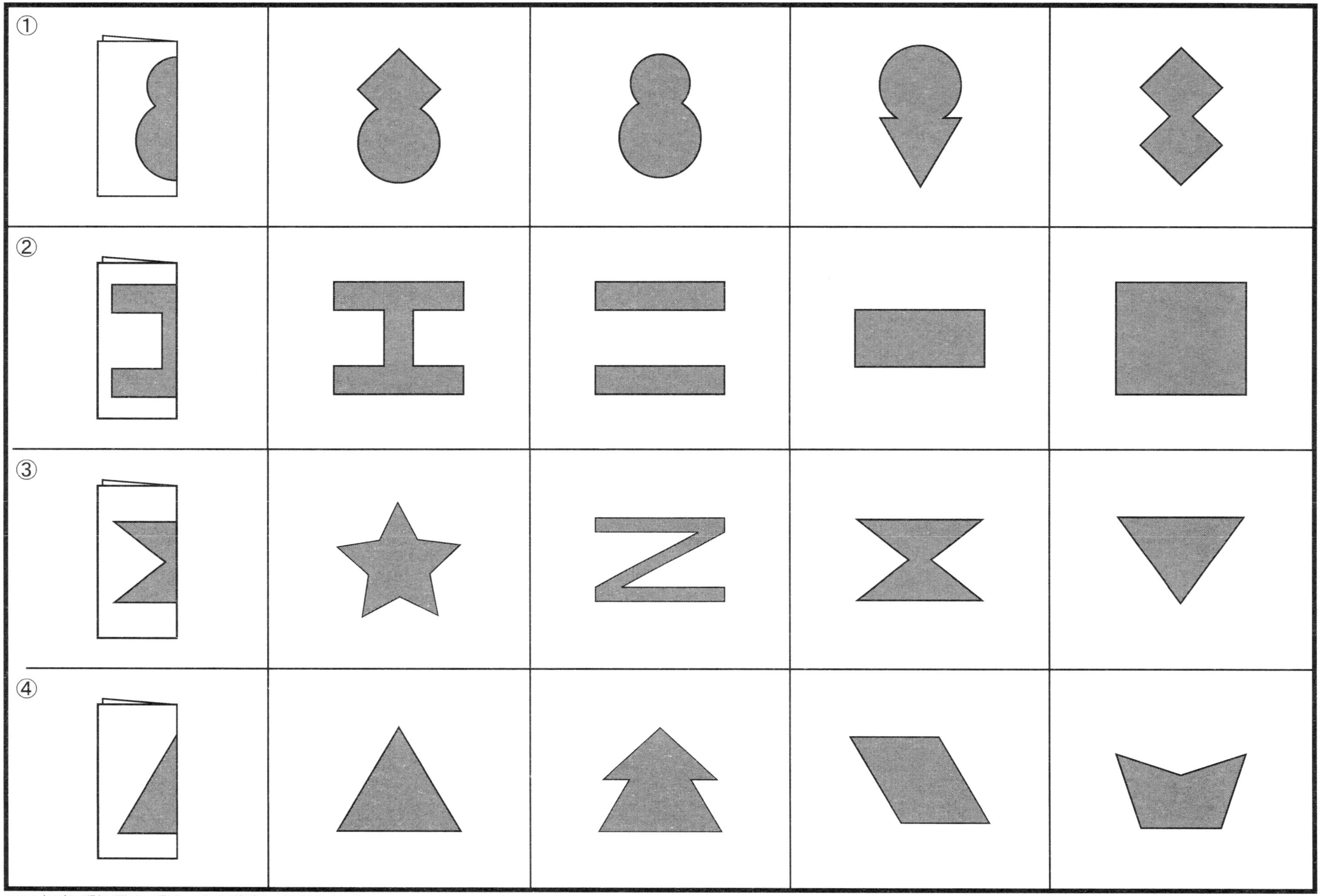

①

②

③

④

問題32

①

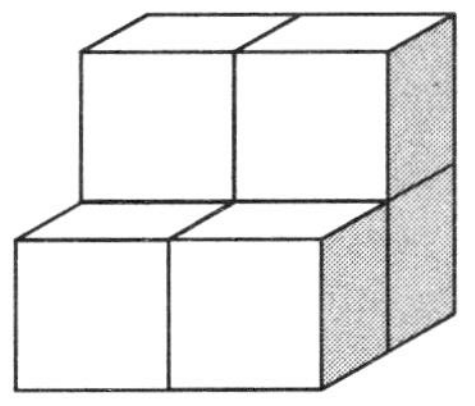

②

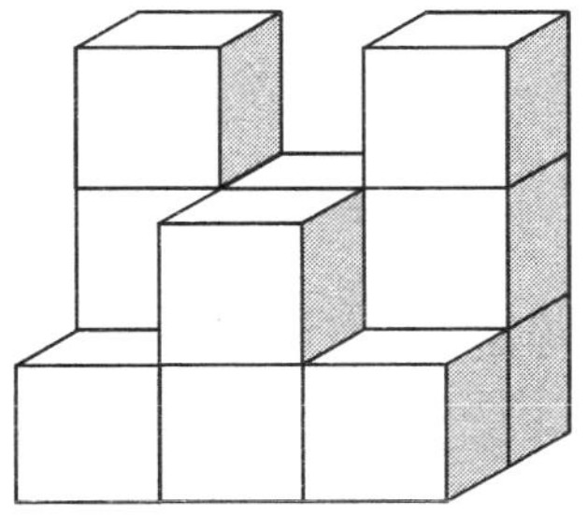

③

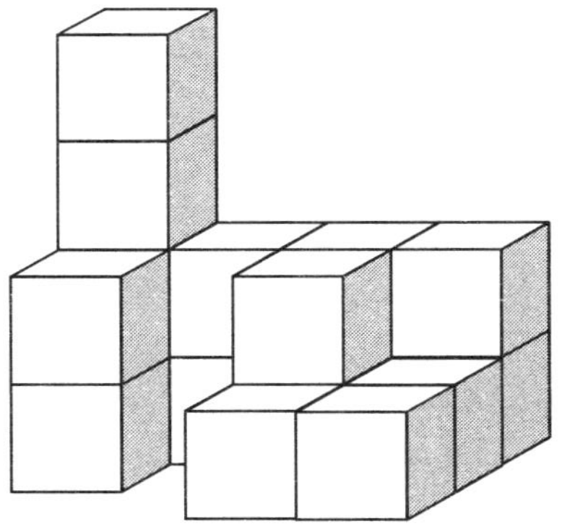

問題３３－１

①

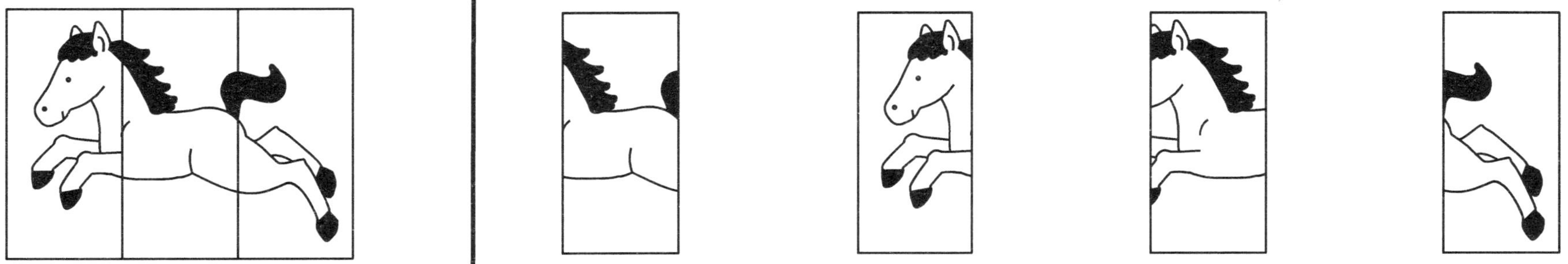

②

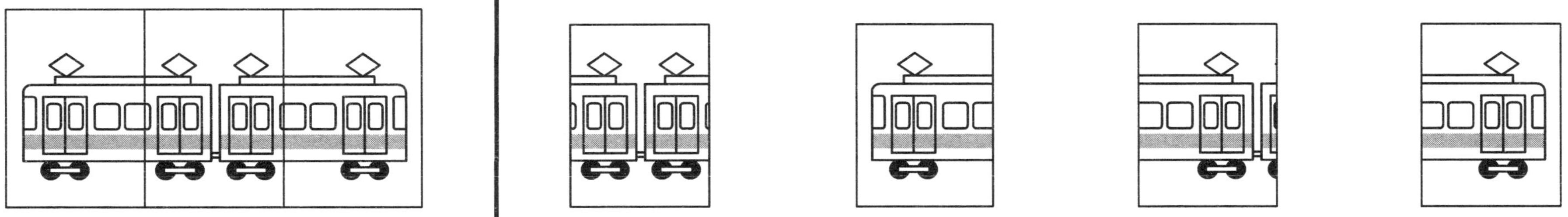

③

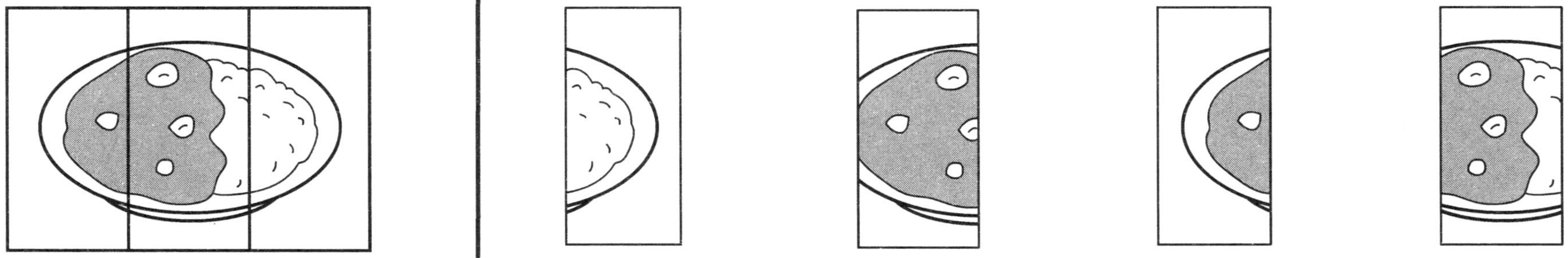

問題３ ３－２

④

⑤

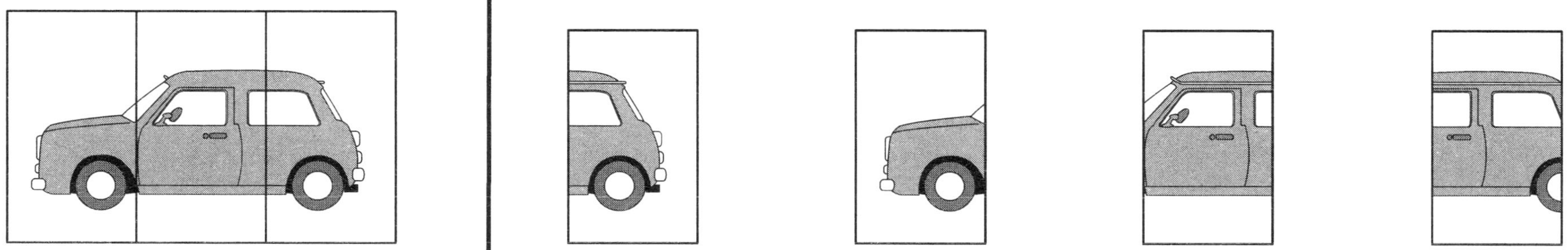

⑥

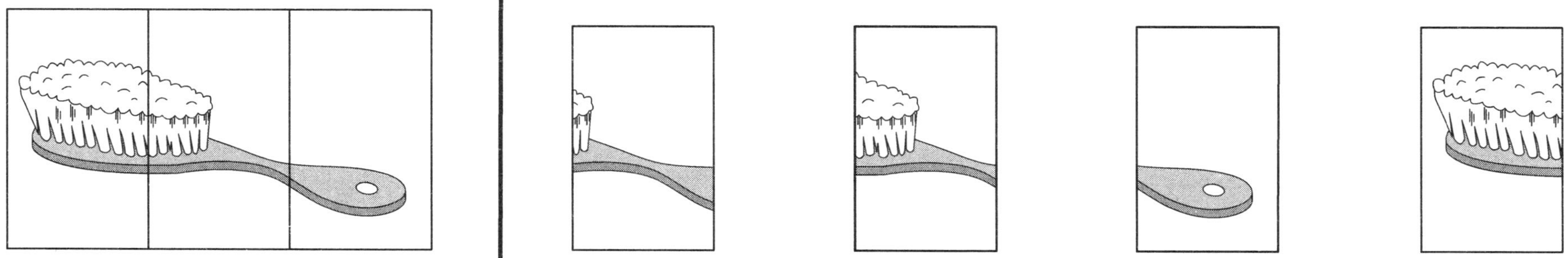

日本学習図書株式会社

問題３４

①

②

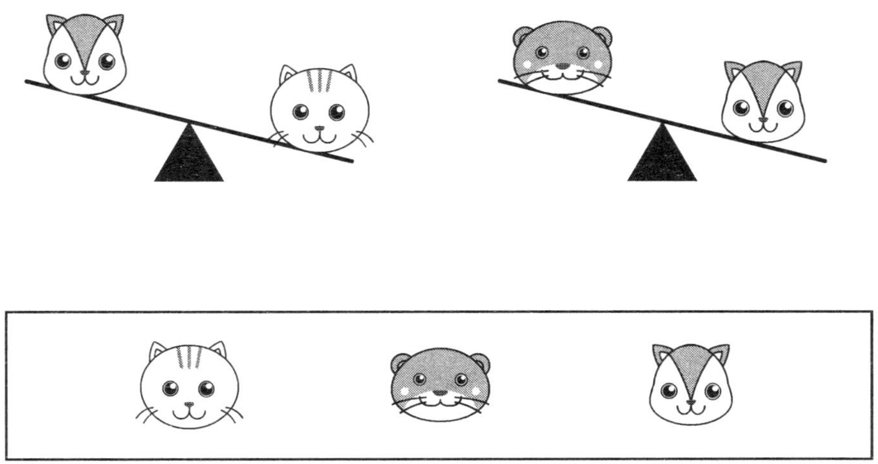

③

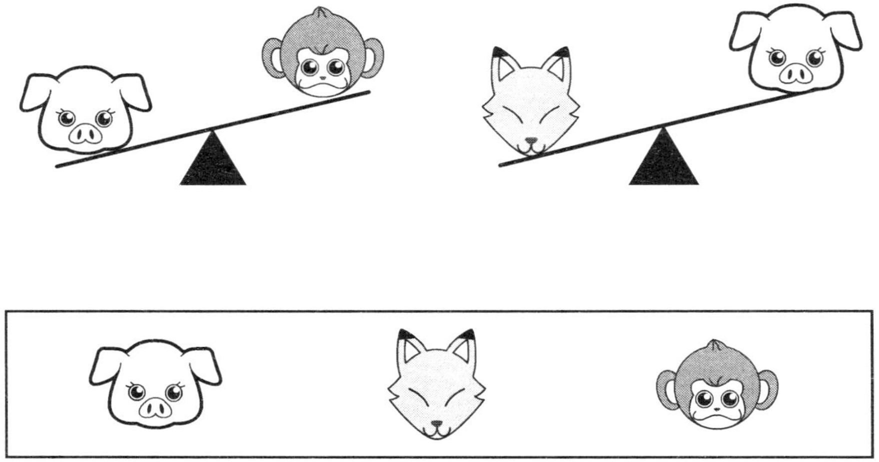

④

問題３５－１

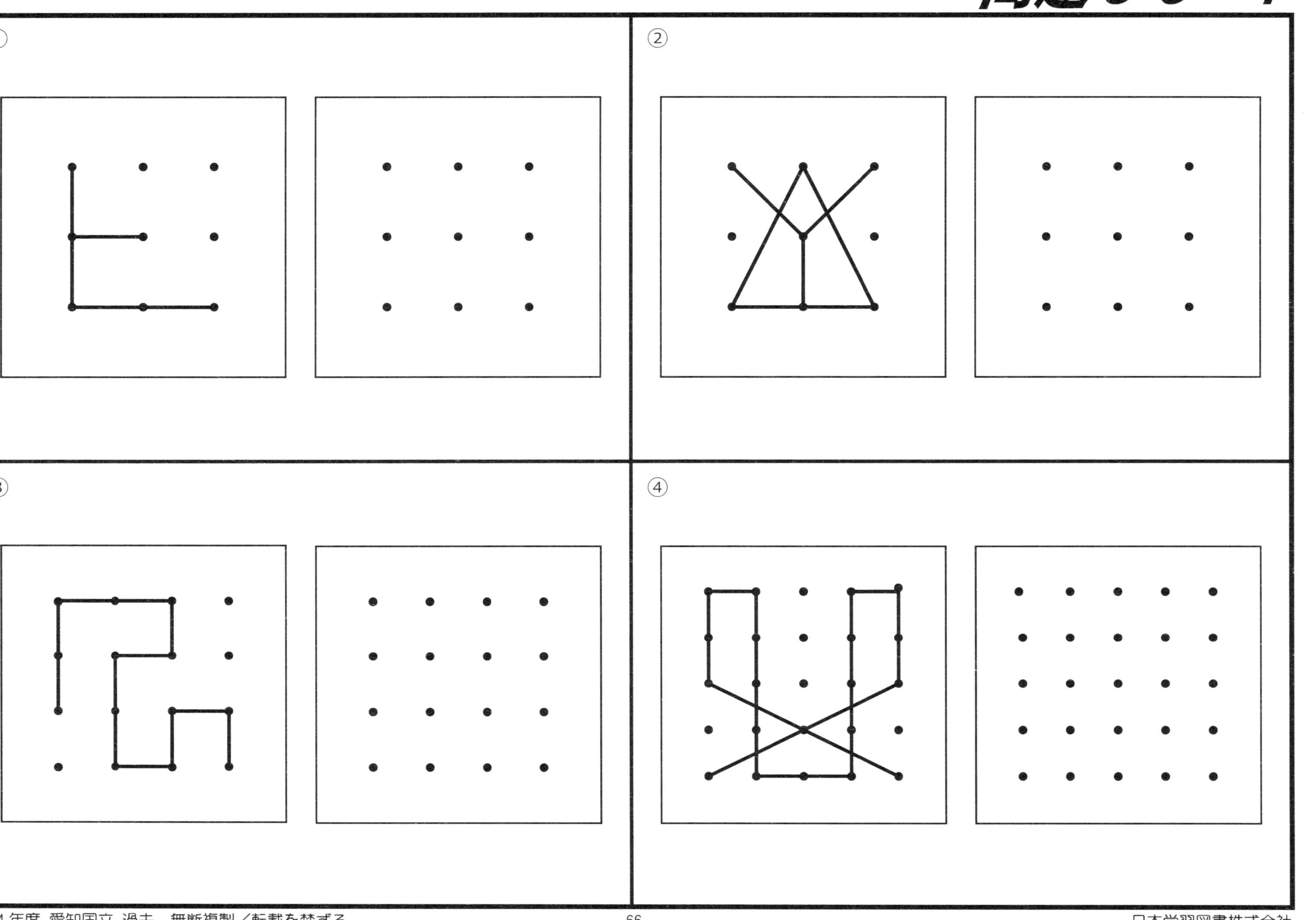

問題３５－２

⑤

⑥

⑦

⑧

問題36

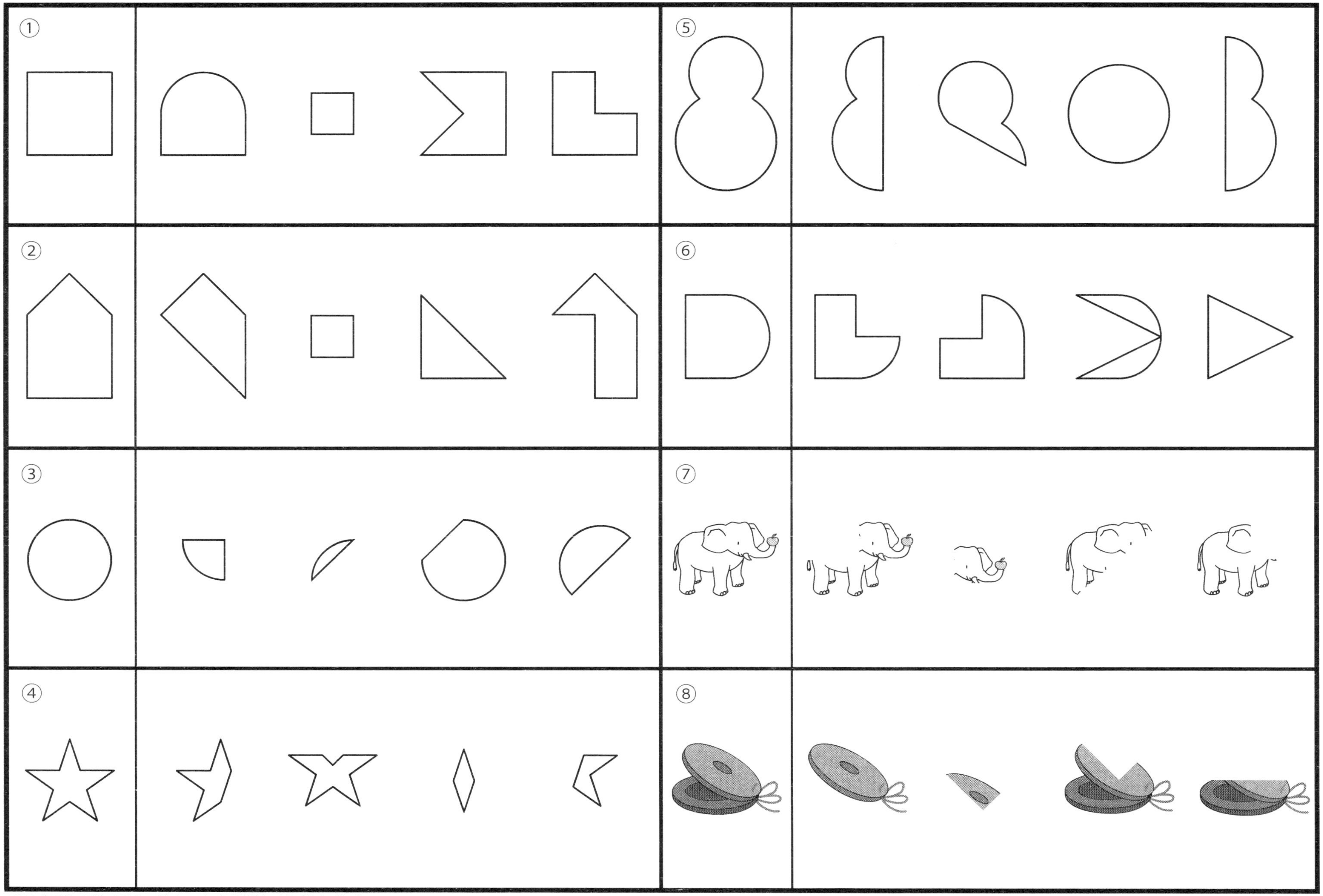

①

②

③

④

⑤

⑥

⑦

⑧

問題３７

問題３８

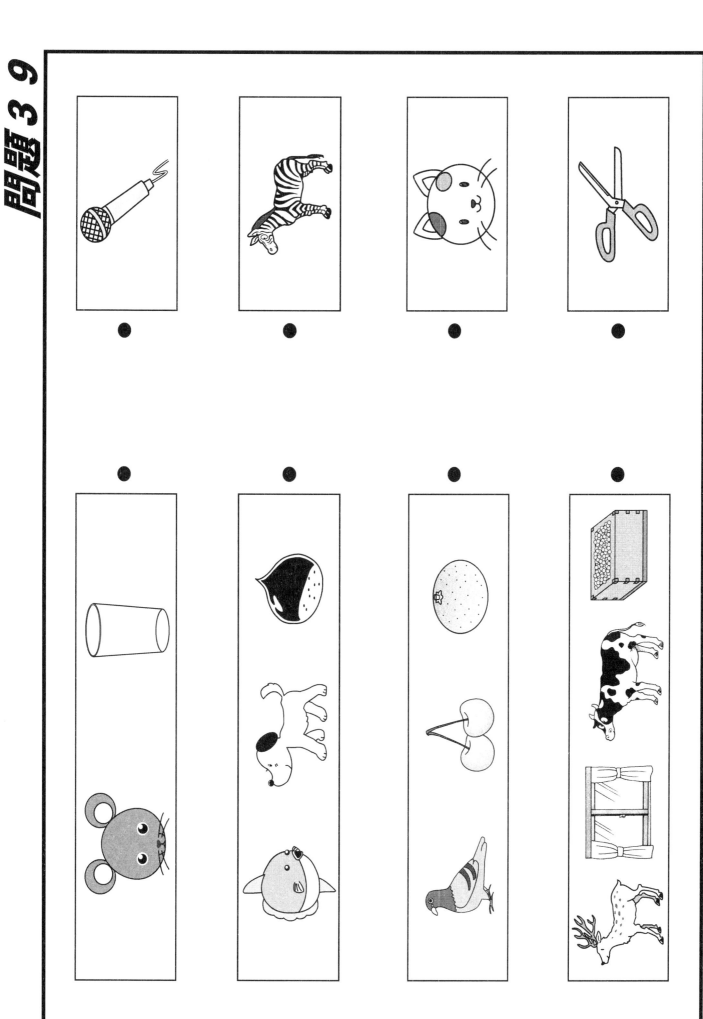

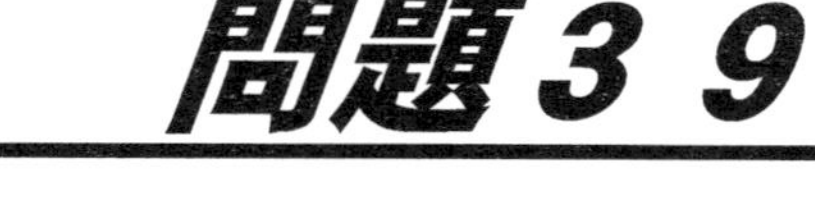

問題３９

図書カード 1000 円分プレゼント

ご記入日 令和　　年　　月　　日

☆国・私立小学校受験アンケート☆

※可能な範囲でご記入下さい。選択肢は○で囲んで下さい。

〈小学校名〉＿＿＿＿＿＿＿＿　〈お子さまの性別〉男・女　〈誕生月〉＿＿月

〈その他の受験校〉（複数回答可）＿＿＿＿＿＿＿＿

〈受験日〉①：＿＿月＿＿日〈時間〉＿＿時＿＿分　～　＿＿時＿＿分

②：＿＿月＿＿日〈時間〉＿＿時＿＿分　～　＿＿時＿＿分

〈受験者数〉男女計＿＿名（男子＿＿名　女子＿＿名）

〈お子さまの服装〉＿＿＿＿＿＿＿＿

〈入試全体の流れ〉（記入例）準備体操→行動観察→ペーパーテスト

＿＿＿＿＿＿＿＿

Eメールによる情報提供

日本学習図書では、Eメールでも入試情報を募集しております。

下記のアドレスに、アンケートの内容をご入力の上、メールをお送り下さい。

ojuken@nichigaku.jp

●行動観察　（例）好きなおもちゃで遊ぶ・グループで協力するゲームなど

〈実施日〉＿＿月＿＿日〈時間〉＿＿時＿＿分　～　＿＿時＿＿分〈着替え〉□有　□無

〈出題方法〉□肉声　□録音　□その他（　　　　　）〈お手本〉□有　□無

〈試験形態〉□個別　□集団（　　　人程度）

〈会場図〉

〈内容〉

□自由遊び

＿＿＿＿＿＿＿＿

□グループ活動

＿＿＿＿＿＿＿＿

□その他

＿＿＿＿＿＿＿＿

●運動テスト（有・無）　（例）跳び箱・チームでの競争など

〈実施日〉＿＿月＿＿日〈時間〉＿＿時＿＿分　～　＿＿時＿＿分〈着替え〉□有　□無

〈出題方法〉□肉声　□録音　□その他（　　　　　）〈お手本〉□有　□無

〈試験形態〉□個別　□集団（　　　人程度）

〈会場図〉

〈内容〉

□サーキット運動

□走り　□跳び箱　□平均台　□ゴム跳び

□マット運動　□ボール運動　□なわ跳び

□クマ歩き

□グループ活動＿＿＿＿＿＿＿＿

□その他＿＿＿＿＿＿＿＿

●知能テスト・口頭試問

〈実施日〉 ＿＿月＿＿日 **〈時間〉** ＿＿時＿＿分 ～ ＿＿時＿＿分 **〈お手本〉** □有 □無

〈出題方法〉 □肉声 □録音 □その他（　　　　　　） **〈問題数〉** ＿＿枚 ＿＿問

分野	方法	内　　容	詳　細・イ　ラ　ス　ト
（例） お話の記憶	☑筆記 □口頭	動物たちが待ち合わせをする話	（あらすじ） 動物たちが待ち合わせをした。最初にウサギさんが来た。次にイヌくんが、その次にネコさんが来た。最後にタヌキくんが来た。 （問題・イラスト） ３番目に来た動物は誰か
お話の記憶	□筆記 □口頭		（あらすじ） （問題・イラスト）
図形	□筆記 □口頭		
言語	□筆記 □口頭		
常識	□筆記 □口頭		
数量	□筆記 □口頭		
推理	□筆記 □口頭		
その他	□筆記 □口頭		

●制作 （例）ぬり絵・お絵かき・工作遊びなど

〈実施日〉　月　日〈時間〉　時　分　～　時　分

〈出題方法〉 □肉声 □録音 □その他（　　）〈お手本〉□有 □無

〈試験形態〉 □個別 □集団（　　人程度）

材料・道具	制作内容
□ハサミ □のり（□つぼ □液体 □スティック） □セロハンテープ □鉛筆 □クレヨン（　色） □クーピーペン（　色） □サインペン（　色）□ □画用紙（□ A4 □ B4 □ A3 □その他：　） □折り紙 □新聞紙 □粘土 □その他（　）	□切る □貼る □塗る □ちぎる □結ぶ □描く □その他（　） タイトル：＿＿＿＿＿＿＿＿

●面接

〈実施日〉　月　日〈時間〉　時　分　～　時　分〈面接担当者〉＿＿名

〈試験形態〉□志願者のみ（　）名 □保護者のみ □親子同時 □親子別々

〈質問内容〉

□志望動機　□お子さまの様子

□家庭の教育方針

□志望校についての知識・理解

□その他（　　）

（詳　細）

・

・

・

・

※試験会場の様子をご記入下さい。

例

校長先生　教頭先生

㊫　㋙　㊏

出入口

●保護者作文・アンケートの提出（有・無）

〈提出日〉 □面接直前 □出願時 □志願者考査中 □その他（　）

〈下書き〉 □有 □無

〈アンケート内容〉

（記入例）当校を志望した理由はなんですか（150 字）

●説明会（□有　□無）〈開催日〉　　月　　日〈時間〉　　時　　分　～　　時　　分

〈上履き〉　□要　□不要　〈願書配布〉　□有　□無　〈校舎見学〉　□有　□無

〈ご感想〉

●参加された学校行事（複数回答可）

公開授業〈開催日〉　　月　　日〈時間〉　　時　　分　～　　時　　分

運動会など〈開催日〉　　月　　日〈時間〉　　時　　分　～　　時　　分

学習発表会・音楽会など〈開催日〉　　月　　日〈時間〉　　時　　分　～　　時　　分

〈ご感想〉

※是非参加したほうがよいと感じた行事について

●受験を終えてのご感想、今後受験される方へのアドバイス

※対策学習（重点的に学習しておいた方がよい分野）、当日準備しておいたほうがよい物など

＊＊＊＊＊＊＊＊＊＊＊＊　ご記入ありがとうございました　＊＊＊＊＊＊＊＊＊＊＊＊

必要事項をご記入の上、ポストにご投函ください。

なお、本アンケートの送付期限は入試終了後３ヶ月とさせていただきます。また、入試に関する情報の記入量が当社の基準に満たない場合、謝礼の送付ができないことがございます。あらかじめご了承ください。

ご住所：〒

お名前：　　　　　メール：

TEL：　　　　　FAX：

アンケートのご記入ありがとうございました

ご記入頂いた個人に関する情報は、当社にて厳重に管理致します。弊社の個人情報取り扱いに関する詳細は、www.nichigaku.jp/policy.php の「個人情報の取り扱い」をご覧下さい。

分野別 小学入試練習帳 ジュニアウォッチャー

1．点・線図形	小学校入試で出題頻度の高い『点・線図形』の模写を、難易度の低いものから段階別に幅広く練習することができるように構成。
2．座標	図形の位置模写という作業を、難易度の低いものから段階別に練習できるように構成。
3．パズル	様々なパズルの問題を難易度の低いものから段階別に練習できるように構成。
4．同図形探し	小学校入試で出題頻度の高い、同図形選びの問題を繰り返し練習できるように構成。
5．回転・展開	図形などを回転、または展開したとき、形がどのように変化するかを学習し、理解を深められるように構成。
6．系列	数、図形などの様々な系列問題を、難易度の低いものから段階別に練習できるように構成。
7．迷路	迷路の問題を繰り返し練習できるように構成。
8．対称	対称に関する問題を４つのテーマに分類し、各テーマごとに問題を段階別に練習できるように構成。
9．合成	図形の合成に関する問題を、難易度の低いものから段階別に練習できるように構成。
10．四方からの観察	もの（立体）を様々な角度から見て、どのように見えるかを推理する問題を段階別に整理し、１つの形式で複数の問題を練習できるように構成。
11．いろいろな仲間	ものや動物、植物の共通点を見つけ、分類していく問題を中心に構成。
12．日常生活	日常生活における様々な問題を６つのテーマに分類し、各テーマごとに一つの問題形式で複数の問題を練習できるように構成。
13．時間の流れ	『時間』に着目し、様々なものごとは、時間が経過するとどのように変化するのかということを学習し、理解できるように構成。
14．数える	様々なものを『数える』ことから、数の多少の判定やかけ算、わり算の基礎までを練習できるように構成。
15．比較	比較に関する問題を５つのテーマ（数、高さ、長さ、量、重さ）に分類し、各テーマごとに問題を段階別に練習できるように構成。
16．積み木	数える対象を積み木に限定した問題集。
17．言葉の音遊び	言葉の音に関する問題を５つのテーマに分類し、各テーマごとに問題を段階別に練習できるように構成。
18．いろいろな言葉	表現力をより豊かにするいろいろな言葉として、擬態語や擬声語、同音異義語、反意語、数詞を取り上げた問題集。
19．お話の記憶	お話を聴いてその内容を記憶、理解し、設問に答える形式の問題集。
20．見る記憶・聴く記憶	「見て憶える」「聴いて憶える」という『記憶』分野に特化した問題集。
21．お話作り	いくつかの絵を元にしてお話を作る練習をして、想像力を養うことができるように構成。
22．想像画	描かれてある形や景色に好きな絵を描くことにより、想像力を養うことができるように構成。
23．切る・貼る・塗る	小学校入試で出題頻度の高い、はさみやのりなどを用いた巧緻性の問題を繰り返し練習できるように構成。
24・絵画	小学校入試で出題頻度の高い、お絵かきやぬり絵などクレヨンやクーピーペンを用いた巧緻性の問題を繰り返し練習できるように構成。
25．生活巧緻性	小学校入試で出題頻度の高い日常生活の様々な場面における巧緻性の問題集。
26．文字・数字	ひらがなの清音、濁音、拗音、拗長音、促音と１～20までの数字に焦点を絞り、練習できるように構成。
27．理科	小学校入試で出題頻度が高くなりつつある理科の問題を集めた問題集。
28．運動	出題頻度の高い運動問題を種目別に分けて構成。
29．行動観察	項目ごとに問題提起をし、「このような時はどうか、あるいはどう対処するのか」の観点から問いかける形式の問題集。
30．生活習慣	学校から家庭に提起された問題と思って、一問一問絵を見ながら話し合い、考える形式の問題集。

31．推理思考	数、量、言語、常識（含理科、一般）など、諸々のジャンルから問題を構成し、近年の小学校入試問題傾向に沿って構成。
32．ブラックボックス	箱や筒の中を通ると、どのようなお約束でどのように変化するかを推理・思考する問題集。
33．シーソー	重さの違うものをシーソーに乗せた時どちらに傾くのか、またどうすればシーソーは釣り合うのかを思考する基礎的な問題集。
34．季節	様々な行事や植物などを季節別に分類できるように知識をつける問題集。
35．重ね図形	小学校入試で頻繁に出題されている「図形を重ね合わせてできる形」についての問題を集めました。
36．同数発見	様々な物を数え「同じ数」を発見し、数の多少の判断や数の認識の基礎を学べるように構成した問題集。
37．選んで数える	数の学習の基本となる、いろいろなものの数を正しく数える学習を行う問題集。
38．たし算・ひき算１	数字を使わず、たし算とひき算の基礎を身につけるための問題集。
39．たし算・ひき算２	数字を使わず、たし算とひき算の基礎を身につけるための問題集。
40．数を分ける	数を等しく分ける問題です。等しく分けたときに余りが出るものもあります。
41．数の構成	ある数がどのような数で構成されているか学んでいきます。
42．一対多の対応	一対一の対応から、一対多の対応まで、かけ算の考え方の基礎学習を行います。
43．数のやりとり	あげたり、もらったり、数の変化をしっかりと学びます。
44．見えない数	指定された条件から数を導き出します。
45．図形分割	図形の分割に関する問題集。パズルや合成の分野にも通じる様々な問題を集めました。
46．回転図形	「回転図形」に関する問題集。やさしい問題から始め、いくつかの代表的なパターンから、段階を踏んで学習できるよう編集されています。
47．座標の移動	「マス目の指示通りに移動する問題」と「指示された数だけ移動する問題」を収録。
48．鏡図形	鏡で左右反転させた時の見え方を考えます。平面図形から立体図形、文字、絵まで。
49．しりとり	すべての学習の基礎となる「言葉」を学ぶこと、特に「語彙」を増やすことに重点をおき、さまざまなタイプの「しりとり」問題を集めました。
50．観覧車	観覧車やメリーゴーラウンドなどを舞台にした「回転系列」の問題集。「推理思考」分野の問題ですが、要素として「図形」や「数量」も含みます。
51．運筆①	鉛筆の持ち方を学び、点線なぞり、お手本を見ながらの模写で、線を引く練習をします。
52．運筆②	運筆①からさらに発展し、「欠所補完」や「迷路」などを楽しみながら、より複雑な鉛筆運びを習得することを目指します。
53．四方からの観察 積み木編	積み木を使用した「四方からの観察」に関する問題を練習できるように構成。
54．図形の構成	見本の図形がどのような部分によって形づくられているかを考えます。
55．理科②	理科的知識に関する問題を集中して練習する「常識」分野の問題集。
56．マナーとルール	道路や駅、公共の場でのマナー、安全や衛生に関する常識を学べるように構成。
57．置き換え	さまざまな具体的・抽象的事象を記号で表す「置き換え」の問題を扱います。
58．比較②	長さ・高さ・体積・数などを数学的な知識を使わず、論理的に推測する「比較」の問題を練習できるように構成。
59．欠所補完	線と線のつながり、欠けた絵に当てはまるものなどを求める「欠所補完」に取り組める問題集です。
60．言葉の音（おん）	しりとり、決まった順番の音をつなげるなど、「言葉の音」に関する問題に取り組める練習問題集です。

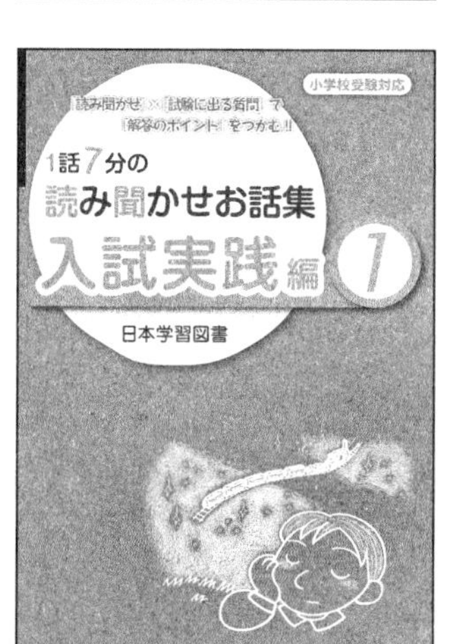

『読み聞かせ』×『質問』＝『聞く力』

1話5分の 読み聞かせお話集①②

「アラビアン・ナイト」「アンデルセン童話」「イソップ寓話」「グリム童話」、日本や各国の民話、昔話、偉人伝の中から、教育的な物語や、過去に小学校入試でも出題された有名なお話を中心に掲載。お話ごとに、内容に関連したお子さまへの質問も掲載しています。「読み聞かせ」を通して、お子さまの『聞く力』を伸ばすことを目指します。　①巻・②巻　各48話

1話7分の読み聞かせお話集 入試実践編①

最長1,700文字の長文のお話を掲載。有名でない＝「聞いたことのない」お話を聞くことで、『集中力』のアップを目指します。設問も、実際の試験を意識した設問としています。ペーパーテスト実施校の多くが「お話の記憶」の問題を出題します。毎日の「読み聞かせ」と「試験に出る質問」で、「解答のポイント」をつかんで臨みましょう！　50話収録

ニチガクの この5冊で受験準備も万全！

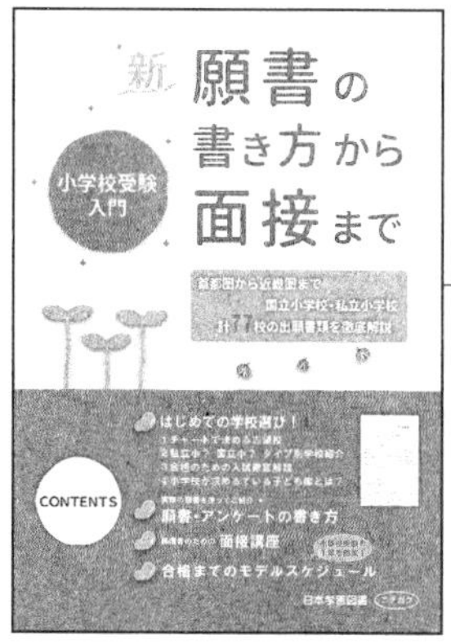

小学校受験入門 願書の書き方から面接まで リニューアル版

主要私立・国立小学校の願書・面接内容を中心に、学校選びや入試の分野傾向、服装コーディネート、持ち物リストなども網羅し、受験準備全体をサポートします。

小学校受験で 知っておくべき 125のこと

小学校受験の基本から怪しい「ウワサ」まで、保護者の方々からの125の質問にていねいに解答。目からウロコのお受験本。

新　小学校受験の 入試面接Q＆A リニューアル版

過去十数年に遡り、面接での質問内容を網羅。小学校別、父親・母親・志願者別、さらに学校のこと・志望動機・お子さまについてなど分野ごとに模範解答例やアドバイスを掲載。

新　願書・アンケート 文例集500 リニューアル版

有名私立小、難関国立小の願書やアンケートに記入するための適切な文例を、質問の項目別に収録。合格を掴むためのヒントが満載！願書を書く前に、ぜひ一度お読みください。

小学校受験に関する 保護者の悩みQ＆A

保護者の方約1,000人に、学習・生活・躾に関する悩みや問題を取材。その中から厳選した200例以上の悩みに、「ふだんの生活」と「入試直前」のアドバイス2本立てで悩みを解決。

愛知教育大学附属名古屋小学校　専用注文書

年　　月　　日

合格のための問題集ベスト・セレクション

＊入試頻出分野ベスト３

1st　図　形
観察力　思考力

2nd　巧　緻　性
集中力　聞く力

3rd　巧　緻　性
聞く力　集中力　知　識

ペーパーテストでは、言語、図形、推理など幅広い分野の基礎問題が出題されます。取りこぼしをしないよう各分野の基礎学習を行っておきましょう。

分野	書　名	価格(税込)	注文	分野	書　名	価格(税込)	注文
図形	Ｊｒ・ウォッチャー１「点・線図形」	1,650円	冊	巧緻性	Ｊｒ・ウォッチャー51「運筆①」	1,650円	冊
図形	Ｊｒ・ウォッチャー２「座標」	1,650円	冊	巧緻性	Ｊｒ・ウォッチャー52「運筆②」	1,650円	冊
図形	Ｊｒ・ウォッチャー５「回転・展開」	1,650円	冊	常識	Ｊｒ・ウォッチャー55「理科②」	1,650円	冊
常識	Ｊｒ・ウォッチャー11「いろいろな仲間」	1,650円	冊	常識	Ｊｒ・ウォッチャー56「マナーとルール」	1,650円	冊
常識	Ｊｒ・ウォッチャー12「日常生活」	1,650円	冊	数量	Ｊｒ・ウォッチャー58「比較②」	1,650円	冊
数量	Ｊｒ・ウォッチャー14「数える」	1,650円	冊	言語	Ｊｒ・ウォッチャー60「言葉の音（おん）」	1,650円	冊
数量	Ｊｒ・ウォッチャー15「比較」	1,650円	冊		新ノンペーパーテスト問題集	2,860円	冊
言語	Ｊｒ・ウォッチャー17「言葉の音遊び」	1,650円	冊		お話の記憶問題集 初級編	2,860円	冊
言語	Ｊｒ・ウォッチャー18「いろいろな言葉」	1,650円	冊		お話の記憶問題集 中級編・上級編	2,200円	各　冊
常識	Ｊｒ・ウォッチャー27「理科①」	1,650円	冊		面接最強マニュアル	2,200円	冊
観察	Ｊｒ・ウォッチャー28「運動」	1,650円	冊		小学校受験の入試面接Ｑ＆Ａ	2,200円	冊
観察	Ｊｒ・ウォッチャー29「行動観察」	1,650円	冊		１話５分の読み聞かせお話集①②	1,980円	各　冊
推理	Ｊｒ・ウォッチャー31「推理思考」	1,650円	冊		新 個別テスト・口頭試問問題集	2,750円	冊
常識	Ｊｒ・ウォッチャー34「季節」	1,650円	冊		新 運動テスト問題集	2,420円	冊

合計	冊	円

(フリガナ) 氏　名	電　話 ＦＡＸ E-mail
住 所　〒　　　－	以前にご注文されたことはございますか。 有　・　無

★お近くの書店、または記載の電話・FAX・ホームページにてご注文をお受けしております。
電話：03-5261-8951　FAX：03-5261-8953　代金は書籍合計金額＋送料がかかります。
※なお、落丁・乱丁以外の理由による商品の返品・交換には応じかねます。
★ご記入頂いた個人に関する情報は、当社にて厳重に管理致します。なお、ご購入の商品発送の他に、当社発行の書籍案内、書籍に関する調査に使用させて頂く場合がございますので、予めご了承ください。

日本学習図書株式会社
http://www.nichigaku.jp

家庭学習をトータルサポート！ ニチガクのオリジナル 効果的 学習法

1 まずは アドバイスページを読む！

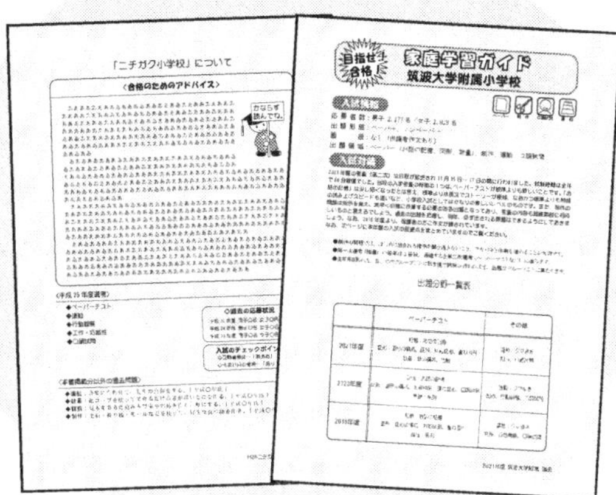

ピンク色です

対策や試験ポイントがぎっしりつまった「家庭学習ガイド」。分野アイコンで、試験の傾向をおさえよう！

過去問のこだわり

最新問題は問題ページ、イラストページ、解答・解説ページが独立しており、お子さまにすぐに取り掛かっていただける作りになっています。
ニチガクの学校別問題集ならではの、学習法を含めたアドバイスを利用して効率のよい家庭学習を進めてください。

2 問題をすべて読み、出題傾向を把握する

3 「学習のポイント」で学校側の観点や問題の解説を熟読

4 はじめて過去問題にチャレンジ！

各問題のジャンル

問題8 分野：図形（構成・重ね図形）

〈準備〉 鉛筆、消しゴム

〈問題〉 ①この形は、左の三角形を何枚使ってできていますか。その数だけ右の四角に○を書いてください。
②左の絵の一番下になっている形に○をつけてください。
③左には、透明な板に書かれた３枚の絵があります。この絵をそのまま３枚重ねると、どうなりますか。右から選んで○をつけてください。
④左には、透明な板に書かれた３枚の絵があります。この絵をそのまま３枚重ねると、どうなりますか。右から選んで○をつけてください。

〈時間〉 各20秒

〈解答〉 ①○４つ ②中央 ③右端 ④右端

学習のポイント

空間認識力を総合的に観ることができる問題構成といえるでしょう。これらの３問を見て、どの問題もすんなりと解くことができたでしょうか。当校の入試は、基本問題は確実に解き、難問をどれだけ正解するかで合格が近づいてきます。その観点からいうなら、この問題は全問正解したい問題に入ります。この問題も、お子さま自身に答え合わせをさせることをおすすめいたします。自分で実際に確認することでどのようになっているのか把握することが可能で、理解度が上がります。実際に操作したとき、どうなっているのか。何処がポイントになるのかなど、質問をすると、答えることが確認作業になるため、知識の習得につながります。形や条件を変え、色々な問題にチャレンジしてみましょう。

【おすすめ問題集】
Jr.ウォッチャー45「図形分割」

5 プラスα 対策問題集や類題で力を付ける

おすすめ対策問題集

分野ごとに対策問題集をご紹介。苦手分野の克服に最適です！
＊専用注文書付き。

学習のポイント

各問題の解説や学校の観点、指導のポイントなどを教えます。
今日から保護者の方が家庭学習の先生に！

2024年度版
愛知県版 国立小学校 過去問題集

発行日 2023年11月28日
発行所 〒162-0821 東京都新宿区津久戸町 3-11
TH1ビル飯田橋 9F 日本学習図書株式会社
電 話 03-5261-8951 ㈹